부자 사장님은 어떻게 세금을 절세했을까?

부자 사장님은
어떻게 세금을
절세했을까?

초판 1쇄 인쇄 2023년 12월 25일
초판 1쇄 발행 2024년 1월 5일

지은이 최대현

펴낸이 우세웅
책임편집 김휘연
콘텐츠기획·홍보 김세경
북디자인 이유진

종이 페이퍼프라이스㈜
인쇄 동양인쇄주식회사

펴낸곳 슬로디미디어그룹
신고번호 제25100-2017-000035호
신고연월일 2017년 6월 13일
주소 경기도 고양시 덕양구 청초로66, 덕은리버워크 지식산업센터 A동 15층 18호

전화 02)493-7780 | 팩스 0303)3442-7780
전자우편 slody925@gmail.com(원고투고·사업제휴)
홈페이지 slodymedia.modoo.at | 블로그 slodymedia.xyz
페이스북·인스타그램 slodymedia

ISBN 979-11-6785-170-3 (03320)

창업부터 가업승계까지,
사장을 위한 세무회계 지식 문턱 낮추기

부자 사장님은 어떻게 세금을 절세했을까?

최대현 지음

How did the rich save taxes

슬로디미디어

프롤로그

성공한 부자들은 무엇을 궁금해 하는가? 그들은 마주한 문제를 어떻게 해결하였나? 필자는 금융기관에서 지난 15년간, 1,500건 이상의 자문과 컨설팅을 하면서 부자들이 가진 궁금증을 함께 고민했다. 그들이 궁금해 하는 것과 해결 방법을 이 책에 담았다. 필자가 생각하는 부자의 기준은 돈 버는 것보다 세금에 더 신경 쓰는 사람들이다. 그들은 기업 생애주기별로 필요한 세무회계 이슈를 해결하고 다음 단계로 도약한다. 돈을 버는 것도 중요하지만, 번 돈을 잘 관리해야만 부자가 될 수 있다. 그 중심에는 세금과 회계가 있다.

"회사를 만들 때 주주를 누구로 해야 세금을 아낄 수 있나요?"

"아들이 창업할 때 부모로서 도와주고 싶은데 세금이 걱정돼요."

"장부상으로 10억 원 이익인데, 통장에는 10억 원이 없어요."

"사옥을 사려고 하는데 회사 명의로 사야 할까요? 개인 명의로 사야 할까요?"

"세금 때문에 법인으로 전환하려면 어떻게 해야 하죠?"

"올해 적자로 은행에서 대출을 회수하겠다고 하면 어떻게 하죠?"

"아들한테 사업을 물려주고 싶은데 세금 때문에 고민이에요. 좋은 방법이 없을까요?"

"아들이 제조업은 힘들다고 회사를 팔아서 돈으로 달라고 하네요. 회사를 팔면 세금이 얼마나 나올까요? 절세 방법은 없나요?"

"아버지가 돌아가셨는데, 상속재산이 회사지분이라 세금 낼 돈이 없어요."

부자들은 줄곧 어려운 질문을 한다. 막상 간단히 설명하기에는 까다로운 주제다. 이 책에서는 부자들이 궁금해 하는 것들 중에서 뻔하지 않으면서도 상담 빈도수가 높은 주제를 선정하여, 최대한 쉽고 재미있게 읽을 수 있도록 기본 이론은 최대한 생략하고 스토리텔링 형식으로 담아냈다. 그렇게 부자가 되는 과정에서 부딪히는 세무회계 이슈들을 알 수 있고, 그 문제들을 어떻게 해결해야 하는지 알려준다. 물론 이는 성공한 부자뿐만 아니라 초보 사장님에게도 도움이 될 내용이다. 또한 그들을 매일 마주해야 하는 금융 영업인에게는 필수 지식이다. 그들이 궁금한 것이 무엇인지 알아야지 그들을 이해할 수 있기 때문이다.

마지막으로 본서가 나오는 데 아낌없는 조언을 해주었던 김강재 회계사, 김성욱 세무사, 조영국 세무사, 임경인 박사에게 감사를 표한다.

최대현

이 책을 시작하며

기업도 살아있는 생물과 같이 생애주기가 있다. 생물과의 차이점은 죽거나 소멸하는 것이 아니라, 계속 성장할 수 있다는 것이다. 기업 생애주기는 보통 창업기·성장기·성숙기·재도약기로 나눈다. 기업을 운영하다 보면 생애주기별로 고민하는 것이 다르기 마련인데, 각 단계별로 부딪히는 문제를 잘 해결해야만 다음 단계로 넘어가면서 안정적으로 성장할 수 있다.

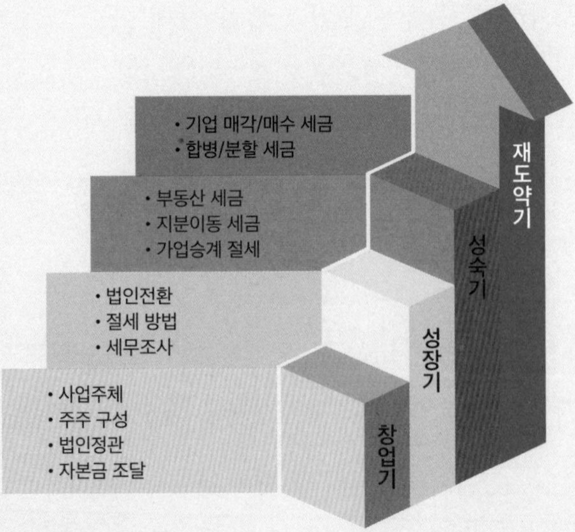

창업기

사업을 시작하는 단계에서는 우선 개인으로 할지, 법인으로 할지를 고민한다. 보통 개인으로 사업을 시작하지만, 사업이 어느 정도 커지면 개인으로 시작한 것을 후회하는 사람들이 많다. 일단 개인으로 하다가 나중에 법인으로 전환하면 된다는 말만 믿은 것이다. 개인이 좋을지, 법인이 좋을지는 초반에 꼼꼼히 따져봐야 나중에 후회가 없다.

지방에서 자동차 부품용 금형제조업을 운영하는 박 사장님이 있다. 사업이 잘되어 어느새 매출 200억 원을 달성했다. 중간에 여러 번 법인전환 이야기가 나왔지만, 바쁘기도 하고 복잡한 절차에 차일피일 미뤘다가 이제서야 하자니 세금이 많이 나오는 것이었다.

법인으로 사업하기로 결정했다면 또 다른 고민에 빠진다. 주주 구성을 어떻게 할지, 정관에는 무슨 내용을 넣을지, 자금은 어떻게 조달할지다. 만약 자녀가 사업을 시작한다면 (세금을 적게 내면서) 부모가 도와줄 방법이 있는지 궁금해 한다.

성장기

창업기에는 돈을 못 벌기 때문에 세금 문제에 대한 고민은 없다. 회사 성장을 대비해 기업 형태, 주주 구성, 내부 규정 등 기본세

팅만 잘해두면 된다. 하지만, 본격적으로 이익이 발생하는 성장기 기업들은 두 가지를 동시에 고민한다. 바로 절세와 세무회계 관리다. 이익이 발생하면서 세금을 내기 시작하기에 합법적으로 절세할 수 있는 방법을 알아본다. 중소기업을 위한 세액공제·세액감면 제도가 많지만 놓치고 혜택을 받지 못하는 기업들이 많다.

또한 사업 규모가 커지면 세무회계 관리가 소홀해질 수 있다. 회사는 성장하지만 관리 수준은 따라오지 못하는 것이다. 그래서 세무조사가 나오면 어쩌나 항상 불안해하고, 미리 점검해보고 싶어 한다.

성숙기·재도약기

성숙기와 재도약기에는 세무회계 관리 체계가 완성되었기 때문에 법인세, 소득세가 아닌 주주 변동, 부동산 취득, 기업매각, 합병, 분할과 관련된 세금 문제로 고민한다. 창업할 때 명의신탁된 지분이 있었다든지, 공동창업자와 헤어지려고 할 때 그들의 지분을 어떻게 해야 할지 고민하는 사장님들이 많다. 이런 경우 세금이 나오기 때문이다.

화성에서 박스제조업을 하는 박 사장님을 면담 할 때였다. 법인을 설립할 당시, 본인은 몇 번의 사업 실패로 신용불량자 상태라 종업원 명의를 빌려 주주로 등재했다. 신용도 회복되고 회사도 잘되어 종업원 명의 주식을 본인 명의로 돌리고 싶은데 세금이 많이 나와 어떻게 해야 할지 고

민만 하고 있는 경우였다.

재도약기나 쇠퇴기에 있는 기업들은 투자유치 혹은 기업매각을 택하기도 하고, 지배구조 개선을 위해 합병이나 분할을 할 수 있다. 여기에는 당연히 세금 문제가 따라 붙는데, 합법적으로 세금을 적게 내기 위한 구조를 고민한다. 이처럼 기업 생애주기별로 다양한 문제가 발생하는데, 이때 같이 고민하는 것이 세금이다. 기업을 운영하는 사장님들과 부자들은 되도록 세금을 적게 내고 싶어 하고, 세금을 내더라도 리스크를 줄이고 싶어 한다.

그리고 개인사업자들은 고민이 하나 더 있다. 바로 법인전환이다. 개인사업자로 하다보면 세금이 많이 나와서 절세 때문에 법인전환을 생각한다. 이런 분들은 법인전환하면 좋을지, 세금이 얼마나 나올지, 절세 방법은 있는지 궁금해 한다.

가업승계

업력이 10년 이상 되는, 어느 정도 성장한 기업의 사장님이라면 누구나 고민하는 문제일 것이다. 가업승계란 일반적으로 기업의 동일성을 유지하면서, 상속이나 증여를 통하여 그 기업의 소유권 또는 경영권을 후계자에게 이전하는 것을 말한다.

중소기업 경영자의 고령화율은 급격히 증가하고 있다. 중소기업연구원에서 한신평정보에 등록되어 있는 55세 이상 CEO의 중소기업 1,879개 업체를 대상으로 조사한 바에 따르면 중소기업의 87.1%가 가업승계 의향을 보였으나, 그중에서도 19.5%만이 후계자에 대한 승계를 진행 중에 있으며 나머지 44.6%는 별다른 대책이 없다고 한다. 이처럼 많은 기업에서 가업승계 의향은 있으나 구체적인 계획을 가지고 있지 않다. 가업승계를 미리 준비하지 않으면 창업자의 의도와는 다르게 주식이 이전되거나 후계자가 기존 임직원과의 심각한 갈등으로 사업단절의 위험성이 있다. 또한 최적의 승계 시점 및 승계 방안을 활용하지 못하거나, 준비 부족으로 가업승계 세제지원제도를 활용하지 못해 절세 기회를 상실하게 된다. 더군다나 만약 지병이나 불의의 사고로 창업주가 갑자기 사망하게 되면, 상속세 납부재원을 마련할 수 없어 회사의 주요 재산을 저가에 매도하는 등의 성장 기회를 놓칠 수도 있다.

다음은 가업승계 계획의 중요성을 보여주는 사례다.

1975년 설립된 쓰리세븐은 손톱깎이 시장에서 세계적으로 유명한 회사였다. 보잉사와 777 상표를 놓고 분쟁을 벌이기도 했다. 세계 1위 손톱깎이 업체였던 쓰리세븐의 창업주 김형규 회장이 갑자기 사망하면서 사망 2년 전부터 가족과 임직원들에게 증여한 주식 370억 원 어치가 상속되었다. 상속세는 상속재산의 50%를 내야하기 때문에 약 150억 원을 갑자기 마련해야 했다. 하지만 상속인들은 당장 그 큰돈을 마련할 수 없어 회사를 판 것이다.

농우바이오는 대한민국 1위 종자기술 업체이다. 농우바이오 창업주가 갑자기 사망하면서 가지고 있던 농우바이오 지분 45%를 유족들이 물려받았다. 이때 내야할 상속세가 1,200억 원 정도였는데 이 돈을 마련하지 못해 결국 지분을 농협에 팔았다. 유족들은 아버지를 잃은 슬픔과 함께 가업마저도 잃게 된 것이다.

이처럼 많은 기업들이 가업승계를 미리 준비하지 않아 곤란을 겪고 있다. 중요성을 인식한 것과 별개로 준비 과정에서 다양한 문제를 접하게 된다. 누구에게 가업을 승계할 것인가, 나의 지분 중에 얼마나 증여할 것인가, 승계 시기는 언제가 좋을까, 세금은 얼마나 나올 것인가, 합법적인 절세 방안은 무엇인가 등 고민을 하게 된다. 다양한 고민 중에 조세부담에 대한 우려가 가장 크다. 세부담 때문에 가업승계에 어려움을 겪고 있으며 편법승계에 대한 유혹에 빠지기도 한다. 크게 성공한 부자일수록 가업승계에 대한 고민을 더 깊어진다.

자, 이제 기업 생애주기별로 성공한 부자들이 가장 궁금해 했던 세무회계 이야기를 해보자.

일러두기

· 본 내용은 쉬운 단어와 표현을 써서 이해하기 쉽게 설명했으니, 독자에 따라서는 세법을 다른 의미로 해석할 수 있습니다. 또한 세금 사례는 이해를 위해 단순화하여 계산한 것이니 실제 계산 금액과 다를 수 있습니다.

· 이 책에 나오는 표현, 수식, 법령, 세법, 행정 절차, 예측 등은 집필 당시의 기준이며 오류가 있을 수 있습니다. 저자와 출판사는 책의 내용에 대한 민/형사상 책임을 지지 않습니다.

· 이 책에 나오는 사례는, 독자의 이해를 돕기 위해 일부 각색된 내용으로 실제 지역, 업종, 인물들과 직접적인 관련이 없습니다.

차례

1장

창업초기! 중요한 것은 기업 지배구조다

2장

성장기!
회계관리와 절세가 중요하다

3장

성숙기!
지키는 세무회계 전략이 필요하다

4장

성공한 부자들은 누구나 가업승계에 관심이 많다

5장

상속증여세, 부자들의 상식이 되었다

1장

창업초기!
중요한 것은
기업 지배구조다

1

창업, 개인으로 할까? 법인으로 할까?

성수동에서 의류 OEM을 하는 신 사장님은 처음 사업을 시작할 때 사업자등록만 하고 개인사업자로 시작했다. 유명 의류브랜드에 납품을 시작하면서 매출이 많이 늘어 자가공장도 샀다. 그런데 세금이 점점 늘어나더니 이제는 번 돈의 50% 정도가 세금으로 나간다며 한숨을 쉬고 있다.

용인에서 음식점을 하는 최 사장님은 반대의 경우다. 처음 사업을 시작할 때 세금을 적게 낸다고 해서 법인사업자로 시작했지만 지금은 후회하고 있다. 개인사업자와 비교해서 세금 차이가 크지 않은데, 법인에 있는 돈을 개인 용도로 쓸 수 없어 여간 불편한 게 아니라는 것이다.

사업을 처음 시작할 때 개인으로 할지 법인으로 할지 고민이다. 어떤 쪽이 더 좋을지 한마디로 정리하긴 어렵지만, 중요한 판단기준은 있다. 사업을 해서 번 돈을 자유롭게 쓰고 싶다면 개인사업자가 유리하고, 세금을 적게 내고 싶다면 법인사업자가 유리하다.

개인사업자와 법인사업자의 차이

개인사업자는 사업주 개인 명의로 사업을 한다. '개인=사업체'라고 보면 이해하기 쉽다. 사업 시작도 단순하다. 일부 허가업종을 제외하고는 별도의 절차 없이 세무서에 사업자등록만 하면 시작할 수 있다. 세금은 다른 소득(이자, 배당, 근로 소득 등)과 합쳐서 5월에 종합소득세를 낸다. 번 돈에서 세금을 내고 나면 통장에 있는 돈을 어떻게 쓰는지에 대해 제약이 없다. 개인사업자는 세무, 회계, 자금 관리도 법인보다 편하다. 보통 소상공인 등 규모가 작은 사업에 적당하다.

법인사업자는 개인과 별개로 본다. 법인에 인격을 부여해서 사업의 주체가 법인이 되는 것이다. 재산명의가 법인이 되고, 개인과 법인은 엄격히 분리된다. 물론 세금도 법인에서 낸다. 번 돈에서 세금을 낸 뒤 법인 통장에 가지고 있다가, 필요하면 법인에서 급여(또는 배당)를 받아야 한다. 내가 100% 주주고 대표이사라고 해서 개인 용도로 함부로 쓸 수 없다.

구분	개인사업자	법인사업자
설립	• 사업자등록(세무서)	• 법인설립등기(법원) • 법인설립신고 및 사업자등록(세무서)
사업 명의	• 개인	• 법인
세금(세율)	• 소득세(최고 45% 세율)	• 법인세(최고 24% 세율)
개인자금사용	• 사용제약 없음	• 법인에서 자금을 인출해야 함

"법인자금 사적유용 의혹? (…) 국세청, 세무조사 착수"

이런 기사의 주인공이 되지 않으려면 법인과 개인을 분리해서 생각하고, 법인 자금을 쓰려면 세금을 내고 적법하게 가지고 와야 한다. 사업 규모가 크거나 사업 확장을 고려한다면 법인사업자로 시작하는 것이 유리하다.

세금을 적게 내려면 법인이 유리하다

세금은 개인과 법인을 결정하는 데 가장 중요한 선택의 기준이다. 법인세율이 더 낮기 때문에 절세 목적으로는 보통 법인사업자가 유리하다.

소득세율	
과세표준(순이익)	세율
1,400만 원 이하	6%
1,400만 원 초과~5,000만 원 이하	15%
5,000만 원 초과~8,800만 원 이하	24%
8,800만 원 초과~1.5억 원 이하	35%
1.5억 원 초과~3억 원 이하	38%
3억 원 초과~5억 원 이하	40%
5억 원 초과~10억 원 이하	42%
10억 원 초과	45%

법인세율	
과세표준(순이익)	세율
2억 원 이하	9%
2억 원 초과~200억 원 이하	19%
200억 원 초과~3,000억 원 이하	21%
3,000억 원 초과	24%

※ 지방소득세 별도

소득세는 6~45% 세율이고, 법인세는 9~24% 세율이다. 소득세가 법인세보다 더 많이 나오기 시작하는 시점은 2,100만 원부터다. 소득이 10억 원이면 개인사업자는 3.8억 원의 세금을 내야 하고, 법인사업자는 1.7억 원의 세금만 내면 된다. 개인사업자가 세금을 2.1억 원 더 내는 것이다. 소득이 높으면 높을수록 그 차이는 더 커진다.

소득	개인과 법인의 세금 차이
1억 원	1,000만 원 법인 유리
3억 원	5,700만 원 법인 유리
5억 원	9,900만 원 법인 유리
10억 원	2억 1,400만 원 법인 유리

사업이 커지고 소득이 높아질수록 개인사업자가 세금을 더 내는 것이다. 지방소득세까지 하면 개인사업자는 소득의 49.5%까지 세금을 내야 한다. '그럼 무조건 법인으로 가야지.'라고 생각할 수 있다. 하지만 한 가지 더 생각해 봐야 하는 게, 법인에서 급여를 받으면 이야기가 달라진다. 개인적으로 돈을 쓰려면 법인에서 급여(또는 배당)를 받아야 하는데, 개인사업자는 소득세만 내면 되지만, 법인사업자는 법인세를 내고 급여에 대한 근로소득세를 한 번 더 내야한다. 결국 세금 비교는 개인사업자의 '소득세'와 법인사업자의 '법인세+근로소득세'를 비교해야 하는 것이다.

- **개인사업자 부담세금 = 소득세**
- **법인사업자 부담세금 = 법인세 + 근로소득세**

수원에서 개인사업자로 도소매업을 하는 김 사장님과 인천에서 법인사업자로 제조업을 하는 이 사장님은 소득이 10억 원으로 같다. 개인사업자인 김 사장님은 소득 10억 원에서 소득세 3.8억 원을 낸 6.2억 원이 개인 통장에 있다. 개인 용도로 쓰는 데 전혀 문제가 없다. 하지만 법인사업자인 이 사장님은 소득 10억 원에서 법인세 1.7억 원을 낸 8.3억 원이 법인 통장에 있다. 개인 용도로 쓰려면 법인에서 급여(또는 배당)를 받아야 하는데 연봉 2억 원을 책정했다고 가정하면, 근로소득세 5,600만 원을 추가로 내야 한다.

위 사례를 보면 법인이 개인보다 2.1억 원 세금을 덜 내지만, 이 사장님이 급여를 받으면서 둘의 세금 차이는 1.5억 원으로 줄어든다.

극단적으로 법인에서 번 돈을 모두 급여로 받으면 개인과 법인의 세금 차이가 없어진다. 하지만 법인은 번 돈을 투자나 차입금 상환에 쓰고, 남은 돈은 법인에 유보해 놓는 경우가 많다. 번 돈 모두 급여로 가지고 가지는 않는다. 결국 법인에 자금을 유보하면 할수록 법인사업자가 세금을 덜 내게 된다.

가업승계를 하려면 법인이 유리하다

사업을 시작할 때 자녀에게 물려준다는 생각을 가지고 시작하는 사장님도 있다. 특히 사업을 여러 개 운영하거나, 자금과 경험을 가진 사장님들이 그렇다.

남동공단에서 개인사업자로 제조업을 하시는 김 사장님은 요즘 고민이 많다. 아들에게 사업체를 물려주고 은퇴하려고 하는데 공장부지, 기계 등의 자산을 아들에게 증여하면 증여세가 많이 나온다고 한다. 거래처인 최 사장님은 법인사업자다. 법인주식을 아들한테 증여했는데 10억원은 비과세 받았다고 한다. 김 사장님은 본인도 받을 수 있는지 알아봤지만 법인만 받을 수 있는 혜택이라고 해서 포기했다. 요즘은 개인사업자로 사업을 시작한 걸 후회한다.

가업승계를 고려한다면 법인사업자가 유리하다. 사업을 자식에게 물려주려면 법인주식을 증여를 하면 된다. 한 명에게 여러 번 나눠서 줄 수 있고, 여러 명에게 분산해서 주기도 쉽다. 또한 중소기업의 가업승계를 지원하는 세제혜택 중 증여특례(생전증여 시 저율로 과세하는 제도)는 법인사업자만 받을 수 있다. 이외에도 법인사업자는 급여, 배당의 지급시기를 조절해서 세금납부시기를 조절할 수 있고, 외부 투자를 받거나 지분매각을 통한 투자자금을 회수할 때 유리하다.

법인으로 할지 개인으로 할지 한 번 정하면 되돌리기 어렵기 때문에 여러 가지를 따져보고 신중하게 선택해야 한다.

2

법인주주가 1인이면 벌어지는 일

주주는 곧 회사의 주인이다. 주주총회를 통해 회사의 중요한 의사결정을 하고 지분율만큼 배당도 받는다. 삼성전자를 생각해 보자. 삼성전자 1주를 사면 1주만큼 주주총회에서 의결권을 행사할 수 있고, 매년 배당도 받는다. 주주가 회사 임직원일 필요는 없다. 여기서 중요한 것은 지분율이다. 창업할 때 제3자와 동업한다면 투입하는 자본금에 따라 지분율이 달라지고, 지분율이 가지는 의미가 중요해진다. 지분율에 따라 주주총회에서 의사결정을 할 수 있는 권한이 다르기 때문이다. 지분이 과반을 넘으면 주주총회에서 중요한 의사결정을 할 수 있다. 만약 갑과 을이 50:50으로 지분을 가지고 있으면, 둘 중 누구도 단독으로 의사결정을 하지 못한다. 하지만 갑이 51%를 가지고 있다면 이야기는 다르다. 1%를 더 가지고 있는 것만으로도 갑은 단독으로 의사결정이 가능하다. 하지만 자금이 충분해 단독 창업한다면 주주를 본인의 상황에 맞게 구성할 수 있다.

구분	결의요건
주주총회 보통결의	발행주식총수의 1/4 이상 & 출석주주 의결권의 1/2 초과
주주총회 특별결의	발행주식총수의 1/3 이상 & 출석주주 의결권의 2/3 이상

주주총회 보통결의사항	주주총회 특별결의사항
• 이사 및 감사, 청산인의 선임 및 보수(한도 결정) • 재무제표의 승인, 이익배당(현금배당) 및 주식배당 • 검사인의 선임, 청산인의 해임, 청산종료의 승인 • 주주총회 의장의 선임 • 자기주식 취득의 결의, 지배주주의 매도청구권 • 결손보전을 위한 자본금의 감소 등	• 정관의 변경 • 영업의 양도 • 회사의 영업에 중대한 영향을 미치는 영업 양수 • 주식매수선택권 부여 • 이사 또는 감사의 해임(임기만료 전) • 자본금의 감소, 합병 및 분할 등

부산에서 조선기자재업을 하는 박 사장님은 요즘 친구 심 사장님이 부럽다. 지분 50%를 아들한테 주려고 하니 세금만 20억 원이 나온다고 해서 엄두가 나지 않는다. 하지만 친구 심 사장님은 다르다. 아들이 이미 주주라 신경을 쓰지 않아도 된다. 회사를 설립할 때 아들이 주주로 참여한 것이다.

법인 설립 시 주주 구성은 중요하다. 회사가 커진 뒤 주주를 바꾸려면 세금이 나오기 때문이다. 과거에는 상법규정 때문에 주주를 다수로 한 경우가 많았다. 하지만 현재는 1인 주주도 가능하기 때문에 주주 구성할 때 회사나 개인 사정을 고려해서 정하면 된다.

단독 주주면 벌어지는 일

자본금을 혼자 마련할 수 있으면 1인 주주도 괜찮다. 주주 1명이 100% 지분을 가지고 대표이사를 맡아 회사를 경영하는 것이다. 주주가 1명이기 때문에 주주총회 소집과 의사결정 절차가 간소해진다. 다만 주주지분이 과반을 넘으면 세법상 과점주주(특수관계자 포함 지분율이 과반이 넘는 주주)의 2차 납세 의무를 져야 한다. 법인이 세금을 내지 못하면 과점주주인 1인 주주가 세금을 대신 내는 것이다. 예를 들어 법인이 세금이 1억 원을 체납을 하면 1인 주주가 1억 원을 대신 갚아야 한다.

기본적으로 주주는 출자한 자본금만큼의 책임을 지면 된다. 본인 자본금만 포기하면 되는 것이다. 법인이 돈을 못 갚더라도 주주에게 책임을 물을 수 없다. 하지만 과점주주는 다르다. 주주가 과점주주이면 개인에게도 납부 책임을 묻는 것이다.

자녀를 주주로 참여시키자

창업을 하거나 사업 확장을 위해 법인을 만들 때, 주주 구성을 어떻게 할지 고민이다. 배우자와 자녀를 주주로 참여시키고 싶어 하는 경우가 많다.

대구에서 자동차부품업을 하는 방 사장님은 전기차에 들어가는 새로운 전장부품을 기존 법인이 아닌 신규 법인을 통해 사업을 하고 싶다. 그런데 주주를 어떻게 구성할지 고민이다. 본인 50%, 배우자 25%, 자녀 25%로 생각하고 자금을 준비 중이다.

방 사장님의 주주 구성은 다시 한번 생각해봐야 한다. 배우자가 본인 지분을 팔아서 쓰지 않을 거라면 굳이 주주로 넣을 필요가 없다. 배우자 지분도 언젠가 자녀들에게 승계될 텐데, 이때 상속증여세만 더 내게 된다. 방 사장님 지분은 나중에 가업승계지원제도(4장에서 설명)를 써서 절세가 가능하지만, 사업에 참여하지 않는 배우자 지분은 혜택을 못 받기 때문이다. 반면에, 자녀 지분율은 자금이 허락하는 한 높이는 것이 좋다. 사업이 커진다는 가정이 있어야 하겠지만, 자녀가 어리면 어릴수록 사업 성장에 따른 복리효과(주식가치 증가)가 커진다. 자녀가 나중에 사업을 물려받을 거라면 상속증여세도 절세할 수 있다.

자녀를 주주로 하면 몇 가지 장점이 있다.

첫째, 배당을 통한 합법적인 재원 마련이 가능하다. 배당받은 돈은 자녀가 사업할 때 자금원이 될 수 있고, 상속증여를 받으면 세금납부 재원으로도 쓸 수 있다.

둘째, 창업주가 배당을 전부 받으면 급여와 합쳐서 10억 원이 넘는 금액에 대해서는 최고세율(45%)로 세금을 내야 한다. 하지만 자녀가 주주로 있으면 배당소득이 창업주와 자녀로 분산되어 세금이 줄어들게 된다. (소득세는 소득금액 커지면 세율이 높아진다.) 예를 들어 창업주(100% 주주)가 연봉 10억 원에 배당 2억 원이라면, 배당 2억 원은 최고세율인 45%로 과세된다. 만약 자녀가 50% 주주라면 창업주가 1억 원, 자녀가 1억 원을 배당받게 된다. 창업주 배당 1억 원은 45% 최고세율로 과세되지만, 자녀 배당 1억 원은 평균 20% 정도로 과세되어 전체 세금은 줄어들게 된다.

셋째, 새로운 투자 기회가 있으면 배당받은 자금으로 재테크가 가능하다. 주식, 부동산 등 투자 기회가 있으면 자금을 불릴 수가 있다. 물론 재테크에 성공한다는 가정이겠지만 말이다.

그리고 마지막으로 제일 중요한 것은 창업주 지분을 상속증여할 때는 세금을 내지만, 자녀가 주주라면 그만큼 상속증여할 필요가 없기 때문에 세금을 아낄 수 있다.

자녀의 자본금 마련 방법

법인을 설립할 때 자본금을 최소화하는 것이 좋다. 필요한 자금은 부채로 충당하고 사업하면서 갚는 방법이다.

자녀가 마련할 수 있는 자금이 5,000만 원이라고 하면 자본금 1억 원인 회사는 자녀가 50% 주주가 되고, 자본금 5억 원인 회사는 10% 주주가 된다. 예를 들어 창업자금 5억 원이 필요한데 자본금 1억 원과 대출 4억 원으로 마련한다면 자녀는 50% 지분을 가질 수 있는 것이다. 그럼 자녀의 자본금은 어떻게 마련하면 좋을까? 자녀가 소득이 있으면 본인 자금이 제일 좋지만, 소득이 없거나 부족하다면 부모가 증여하는 것도 방법이다. 성인자녀는 5,000만 원, 미성년자녀는 2,000만 원까지 세금 없이 증여가 가능하다.

3

법인정관 모르면 후회한다

사장님들과 이야기하다 보면 본인 회사 정관을 본 적이 없다는 분들이 꽤 있다. 설립 때 잠깐 보긴 했는데 생각이 나지 않는 것이다.

전주에서 요양병원을 운영하는 송 원장님 아들은 병원 경영 지원 사업을 하기 위한 법인을 만들려고 한다. 법무사한테 법인 설립을 의뢰하고 이것저것 준비하다가 법인정관이라는 문서를 받았는데 어려운 법률·회계 용어로 가득 차 있다.
"이해하기도 어려웠지만 무엇을 봐야하는지조차 모르겠다. 법무사와 세무사한테 자문을 구했지만, 속 시원히 말해주지 않는다. 무엇인가를 놓치고 있는 것 같아 찜찜한 기분이 든다."

국가에도 헌법이 있듯이, 정관은 기업에서 헌법 역할을 하는 중요한 문서다. 상법상 강행법규가 아닌 이상 정관 규정을 우선시 한다. 하지만 회사 대표라도 본인 회사 정관을 자세히 읽어본 적이 없다. 회사 설립 때 법무사가 준 정관을 훑어 본 이후로 한 번도 본 적이 없는 것이다. 정관은 회사의 중요한 문서라 내용을 정확히 알고 이해하고 있어야 한다. 정관에 규정이 없는데 했다거나, 정관에 정한 것을 위반했을 때는 불이익 있다. 시간이 지나면 회사 상황, 법률이 변한다. 이를 정관에 반영하지 않으면 세무·법률상의 위험을 부담해야 한다.

회사 정관을 주기적으로 점검해서 수정, 삭제해야 할 내용과 추가해야 할 내용을 살펴봐야 한다. 참고로 정관 변경은 주주총회 특별결의사항이다.

법인정관		
절대적 기재사항	상대적 기재사항	임의적 기재사항
정관에 필수적으로 포함되어야 할 사항	정관에 포함되어 있어야 효력이 발생되는 사항	정관에 포함되어 있으면 더 확실성을 주는 사항
• 상호, 사업목적, 본점 소재지 • 회사가 발행 할 주식 총수, 1주의 금액 • 공고 방법, 발기인 등	• 주식양도의 제한, 주식매수선택권 부여 • 중간배당, 현물배당 등	

정관에 들어가는 내용

정관은 총칙, 주식, 사채, 주주총회, 이사회, 회계 등에 대한 내용이 들어간다. 상법규정을 그대로 옮겨 놓은 내용이 대부분이고,

표준정관을 많이 쓰기 때문에 회사마다 정관 내용이 크게 다르지 않다. 정관의 기본 구성은 다음과 같다.

- **총칙: 상호, 사업 목적, 본점소재지, 공고 방법 등**
- **주식: 회사가 발행할 주식, 1주의 금액, 설립 시 발행할 주식, 신주인수권 등**
- **사채: 사채모집, 전환사채, 신주인수권부사채 등**
- **주주총회: 소집 시기, 결의 방법, 주주의 의결권 등**
- **이사회: 이사의 수/선임/임기, 이사회 구성과 소집, 이사회 의결사항, 보수 등**
- **회계: 사업연도, 재무제표와 영업보고서의 작성비치, 배당 등**

정관에는 절대적 기재사항이라고 하여 꼭 들어가야 하는 내용들이 있다. 예를 들어 목적, 상호, 발행할 주식총수, 본점 소재지 등이다. 표준정관(상장사협의회, 법무부 등에서 배포)을 보면 정관 자체를 무효로 만드는 절대적 기재사항이 누락되는 경우는 거의 없다. 중요한 것은 상대적 기재사항이다. 상대적 기재사항은 기재하지 않아도 정관 자체는 유효하지만, 기재해야 효력이 발생하는 내용들이다. 상대적 기재사항은 주식양도의 제한, 종류주식발행, 제3자 신주인수권부여, 중간배당 등이 있다. 여기서 눈여겨 봐야 할 것이 주식양도의 제한, 중간배당, 현물배당이다.

서울에서 음식점을 하고 있는 송 사장님은 최근 지인 2명으로부터 5억

원씩 총 10억 원의 투자금을 받고 주식을 발행했다. 그런데 나중에 지분을 제3자한테 팔게 되면 회사 경영에 문제가 생길까 걱정이다.

주식은 원칙적으로 타인에게 자유로이 매각할 수 있다. 하지만 정관 규정으로 다른 사람에게 지분을 팔 때는 이사회 승인을 받도록 제한할 수 있다. 주식양도 제한 규정은 가족기업보다는 외부 투자자가 지분을 가지고 있을 때 필요한 내용이다. 회사지분이 제3자에게 넘어가는 것을 방지하기 위해서다.

배당은 주주가 회사의 이익을 가져갈 수 있는 방법이다. 정기배당은 1년에 한 번 결산이 끝나면 주주총회 결의를 통해 지급한다. 하지만 영업연도 중간이라도 배당할 수 있다. 이를 중간배당이라고 한다. 요즘 정기배당뿐만 아니라 중간배당을 하는 기업들이 늘고 있다. 중소기업도 마찬가지다. 중간배당을 하기 위해서는 정관에 중간배당에 대한 규정이 있어야 한다. 그러면 이사회 결의만으로도 연도 중에 배당을 할 수 있다. 만약 정관 규정 없이 중간배당을 한다면 주주에게 대여한 것으로 봐서 세법상 불이익이 생길 수 있다.

정관에서 제일 중요한 것은 임원 퇴직금 규정이다

부산에서 도매업을 하는 김 사장님은 건강이 좋지 않아서 아들에게 사업을 물려주고 퇴직을 했다. 20년간 근무해서 퇴직금을 꽤 받았는데, 최근 세무조사에서 청천벽력 같은 이야기를 들었다. 퇴직금 전부가 회사

비용 처리가 되지 않는다는 것이다. 왜 그런가 알아봤더니 임원 퇴직금 규정 없이 퇴직금을 받았던 것이다.

회사 직원에게 지급하는 퇴직금은 금액 제한 없이 세무상 비용 처리가 가능하다. 하지만 임원에 대한 퇴직금은 다르다. 정관 규정에 의한 지급이 아니라면 비용 처리에 한도가 있다. 즉, 법인에서 내지 않아도 되는 세금을 더 내야 한다는 것이다.

임원 퇴직금은 정관에 있어야 하는데, 규정이 바뀔 때마다 정관 변경이 번거로우니 '별도의 규정에 의한다.'라고 위임 규정을 넣는 것이 보통이다.

- **정관에 임원 퇴직금 규정이 없는 경우 퇴직금을 비용 처리할 수 있는 한도: [퇴직 전 1년간 총급여 × 10% × 근속연수]를 계산 금액**
- **정관에 임원 퇴직금 규정이 있는 경우 퇴직금을 비용 처리할 수 있는 한도: 규정에 의해 지급한 퇴직금 전액**

설립 때 정관을 한 번도 검토 안했던 회사는 임원 퇴직금 규정 없는 경우가 가끔 있다. 이럴 경우 세무조사할 때 비용으로 인정 못 받는 경우가 있으니 꼭 챙겨야 한다.

여기서 한 가지 더, 퇴직금을 받으면 퇴직소득세를 내게 되는데 근로소득세에 비해 세금을 적게 낸다. 임원은 정관에 규정된 퇴직금을 받더라도 평균급여의 2배까지만 퇴직소득세를 내고 그 이상은 근로소득세를 내야 한다.

소득세법

임원의 퇴직소득 한도액

⇨ 한도초과액은 임원의 근로소득으로 과세

① 2011년 말 퇴직하였다고 가정한 퇴직급여

※ 배수제한 없음

\+ ② 2019년 말 직전 3년간 연평균급여 x 10% $\times \frac{\text{2012.1.1 ~ 2019.12.31}}{12} \times$ 3배

\+ ③ 퇴직 전 3년간 연평균급여 x 10% $\times \frac{\text{2020.1.1 이후의 근무기간}}{12} \times$ 2배

4

초보 사장님은 모르는 지배구조의 비밀

사장님들은 여러 가지 이유로 다른 회사를 창업하는 경우가 많다. 새로운 아이템으로 사업을 할 때 기존 법인으로 하지 않고, 신규 법인을 설립해서 하는 경우가 그 예다.

여수에서 사업을 하는 김 사장님은 신규 법인을 설립하려고 하는데 10억 원 정도 자본금이 필요하다.
"이번에 신규 사업을 하려고 법인 설립을 생각하고 있다. 자본금 10억 원 정도 생각하고 있는데 내 돈을 넣을지 법인 자금을 넣을지 고민이다. 나중에 회사가 커지면 주주변경이 쉽지 않을 텐데 어떻게 해야 좋을지 모르겠다."

신설 법인으로 사업을 한다면, 개인 자금을 투자할 것인가? 법인 자금을 투자할 것인가? 고민이 될 수 있다. 이는 지배구조의 문제다. 한 번 정하면 다시 되돌기 어렵고, 되돌리기 위해서는 비용이 많이 든다. 그러니 설립할 때부터 여러 가지를 고려해서 정해야 한다.

자금 원천에 따른 지배구조 차이

신규 법인을 설립할 때 자본금을 개인 자금으로 넣는 것과 법인 자금을 넣는 것은 지배구조 차이를 만든다. 개인 자금을 넣으면 개인이 주주가 되는 것이다. 개인이 기존 법인과 신규 법인의 주주가 되어 지배하게 된다. 지배구조 측면에서는 두 개 회사가 별개의 회사인 것이다.

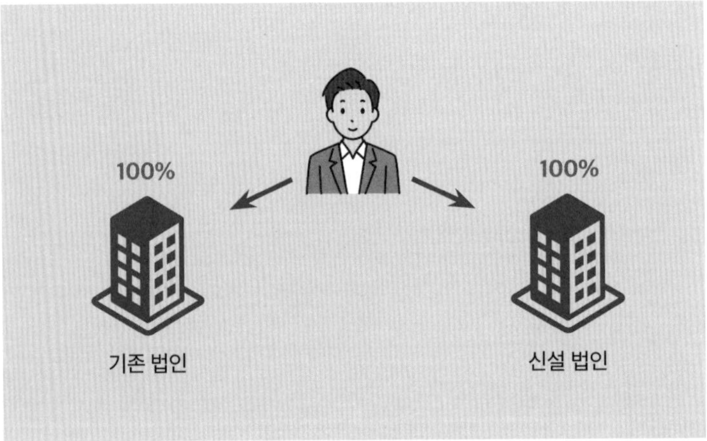

하지만 법인 자금을 넣으면 기존 법인이 신설 법인의 주주가 되는 것이다. 개인이 기존 법인을 지배하고 기존 법인은 신규 법인

을 지배하는 지배구조가 된다. 즉, 신규 법인은 기존 법인의 자회사 되는 것이다.

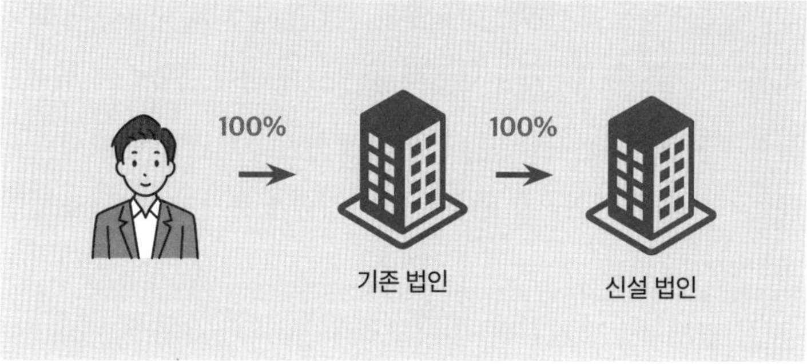

지배구조 선택의 기본 전제는 개인 자금과 법인 자금 중 어느 자금을 넣을지 선택할 수 있는 경우다. 만약 개인 자금이 없고 법인 자금은 풍부하다면 선택의 여지 없이 법인 자금으로 신규 법인에 투자해야 하고, 반대의 경우라면 개인 자금을 넣어야 한다. 선택이 가능한 경우라면 유불리를 따져서 선택해야 한다.

개인투자가 유리한 경우

개인 자금으로 투자하면 신규 법인은 기존 법인과는 단절되고 개인이 두 개 법인의 주주가 된다. 신설 법인의 주주가 개인이면 유리한 경우는 다음과 같다.

- **가업승계를 해야 하는 경우**

- **기업매각을 생각하는 경우**
- **신규 법인의 실적이 기존 법인과 단절되어야 하는 경우**

가업승계를 고려하는 경우에는 개인투자가 더 유리하다. 법인투자는 신설 법인이 기존 법인의 자회사가 되어 가업승계 세제지원제도를 쓸 때 불리하다. 기존 법인이 가지고 있는 신설 법인의 지분은 비가업용 자산으로 분류되어, 가업승계 세제지원혜택을 받지 못하기 때문이다.

기업매각을 고려하는 경우에도 개인투자가 유리하다. 개인이 신설 법인의 지분을 팔면 양도차익에 대해 최대 25%(비상장 중소기업 대주주인 경우) 세금만 내면 개인이 돈을 쓸 수 있다. 반면에 기존 법인이 자회사 지분을 팔면 법인세를 내고 남은 돈이 법인 통장에 있어 개인은 쓸 수 없다. 개인이 쓰려면 또 세금(소득세)을 내야 한다. 이중으로 세금을 내는 것이다.

그리고 법인으로 투자하면, 신설 법인의 실적이 기존 법인의 실적에 영향을 미친다. 기업회계기준상 지분율 20% 이상이 되면 지분법 회계를 적용해야 하는데, 그러면 자회사 실적이 모회사 실적에 영향을 미친다. 만약 자회사 실적이 안 좋으면 모회사에도 악영향을 미쳐 모회사 신용등급이 안 좋아진다. 대출이 있다면 이자율이 오르거나, 원금상환 압박을 받을 수 있는 것이다.

법인투자가 유리한 경우

신설 법인에 기존 법인의 자금을 투자한다면, 기존 법인은 모회사가 되고 신설 법인은 자회사가 된다. 기존 법인이 모회사가 되면 유리한 경우는 다음과 같다.

- **상장 등을 이유로 회사 규모를 키워야 할 경우**
- **가업승계 세제지원제도를 쓸 수 없는 경우**

법인이 투자하게 되면 두 개의 회사는 모자 관계가 되는데, 이 경우 모회사의 자산과 이익에 자회사의 실적이 반영된다. 모회사의 규모가 커지는 효과가 있는 것이다. 또한 향후에 상장 등을 위해 두 개의 회사를 합병할 때 절차가 더 간단하다. 그리고 가업승계 세제지원제도를 쓰려면 일정한 요건이 필요한데, 요건을 충족하기 어려운 회사는 일반적인 상속증여를 해야 한다. 이 경우 모회사의 지분만 후계자에게 이전하면 자회사의 소유권도 넘어가기 때문에 더 유리할 수 있다.

개인이나 기업의 상황이 각각 다르기 때문에 본인 상황에서 제일 중요한 기준을 정해 판단하면 나중에 후회가 없을 것이다.

5

재무제표에도 레시피가 있다

기장이란 회계장부를 작성하기 위해 거래를 기록하는 행위다. 1년간 사업을 하면서 발생한 모든 거래(수입, 지출)를 장부에 기록하여 이익을 계산하는 과정이다.

성수동에서 출판업을 하는 김 사장님은 회사 규모가 커지자 회계장부를 회사 내부 직원이 만들어야 하나 고민 중이다.
"규모가 작을 때는 세무회계 사무소에 기장을 맡겼는데 사업도 커지고 거래도 복잡해지고 있다. 회계 직원을 채용해서 내부에서 기장을 해야 되는 건 아닌지 모르겠다."

수입이 일정금액 이상인 개인사업자와 모든 법인사업자는 복식부기로 기장을 해야 한다. 기장을 하려면 증빙 관리가 중요하고 회계 지식도 있어야 한다. 회계 직원을 채용해서 기장을 하면 내부기장이고, 외부(세무회계 사무소)에 맡기면 외부기장이다. 어느 쪽이 유리한가를 판단해야 한다. 내부기장을 한다면 회계장부를 만드는 기준도 알아야 한다.

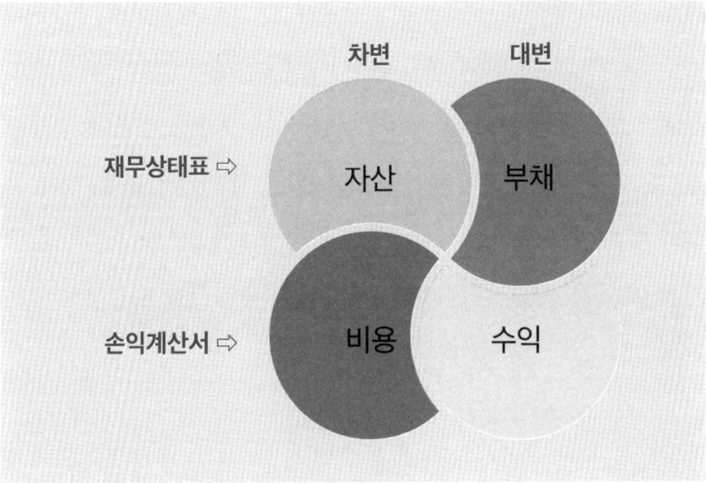

외부기장 vs. 내부기장

사업 초기에는 세무회계전문가 도움이 필요한 경우가 많고, 회계 직원을 채용해서 기장하기에는 인건비 부담도 있어 외부에 기장을 맡기는 경우가 많다. 거래증빙을 챙겨서 세무회계 사무소에 주면 회계사무소에서 증빙을 근거로 기장을 하는 것이다.

하지만 외부기장을 맡길 때는 몇 가지 주의를 해야 한다. 주기적으로 회사의 재무제표를 확인하지 않고 관심을 가지지 않으면,

회사의 실질을 반영하지 못한 재무제표가 나오거나, 본인이 모르는 이상한 계정과목과 금액이 생길 수 있다. 물론 세무회계 사무소에서 이상한 거래나 증빙을 피드백해주어 정확하게 기장하는 경우도 있지만, 받은 증빙대로 회계처리하면서 증빙이 없으면 가지급금, 가수금 같은 미결산계정을 사용하고 수년간 방치하는 경우도 있다. 이런 경우 세무회계상 리스크가 생긴다. 그래서 세무회계 사무소에 너무 의존하지 말고 기장이 잘되어 있는지 주기적으로 점검하고, 잘못되었거나 이상한 회계처리는 수정해 달라고 해야 한다.

반면에 내부기장은 회계시스템 도입, 회계직원 충원, 교육 등으로 비용이 발생한다. 장점으로는 원시자료와 재무제표간의 검증이 쉽다는 점, 회계처리에 대한 기록 관리와 정확하고 적시성 있는 회계정보 산출이 가능하다는 점이다.

회사가 어느 정도 성장하면 외부기장에서 내부기장으로 변경해야 하는데, 바로 넘어가기 부담스러울 수 있으니 얼마간은 병행하다가 완전한 내부기장으로 넘어가는 것도 방법이 될 수 있다.

회계와 자금업무의 분리

자금업무는 입금·출금 관리를 말하고 회계업무는 자료검증 및 전표입력 업무를 말한다. 중소기업은 인력부족으로 자금과 회계업무를 한 명의 직원이 맡는 경우가 많다. 즉 자금과 회계의 업무분장이 이루어지지 않는 것이다.

내부통제상 회계와 자금업무는 분리되어 운영해야지 횡령 등의 자금사고를 막을 수 있다. 자금 담당자의 입출금업무를 회계 담당자가 검증하고 기록하게 하여 상호 검증 및 견제가 가능하게 하는 것이다. 하지만 많은 중소기업들은 비용부담으로 업무분장을 하지 못하고 있다. 회계와 자금의 분리가 어려운 중소기업이라면 기업뱅킹을 다단계결재방식으로 하는 것도 완벽하지는 않지만 대안이 될 수 있다.

재무제표도 레시피가 있다

회계기준은 재무제표의 만드는 지침이다. 재무제표에는 기업의 자산, 부채, 자본 내역을 표시하는 재무상태표와 일정기간 기업의 성과를 나타내는 손익계산서가 대표적인데 재무제표는 일정한 기준에 따라 작성된다.

용인에서 제조업을 하는 김 사장님은 회사 규모가 커져 외부회계감사를 받아야 한다. 그런데 외부사람이 우리 회사 장부를 본다는 것이 여간 부담스러운 게 아니다. 자연스레 이것저것 궁금한 것이 많이 생겼다.

"기업회계기준, IFRS, 중소기업회계기준 용어들은 어디서 들어본 것 같은데 정확히 잘 모르겠다. 회계기준은 전문가가 알아서 적용하겠지만 자세히는 몰라도 대략적으로라도 알고 싶다."

- **한국채택국제회계기준(K-IFRS) : 상장기업 및 금융회사, 공**

기업 등이 사용

- **일반기업회계기준: 비상장 외부회계 감사대상 기업이 사용**
- **중소기업회계기준: 외부회계 감사대상이 아닌 기업이 사용**

우리 회사가 어떤 회계처리기준으로 재무제표가 작성되고 있는지 알 필요가 있다. 회사가 커지면 외부회계감사를 받게 되는데 이때 지켜야 할 회계기준, 상장하면 지켜야 할 회계기준도 함께 알아야 한다.

소규모 회사는 회계기준에 대한 특별한 규제가 없다. 세무신고를 위한 세무회계로 회계처리하는 회사가 많다. 외부회계감사를 받지 않는 회사는 회계인력이나 회계시스템이 부족하고, 이해관계자가 많지 않다. 이러한 회사에는 회계처리기준을 강제하지 않는다. 반면, 어느 정도 규모가 있는 비상장 회사는 일반기업회계기준을 적용한다. 일반기업회계기준은 한국회계기준원 내 회계기준위원회에서 제정하는데 그 적용대상 회사가 가장 많다. 상장회사는 한국채택국제회계기준(K-IFRS)을 적용하여 재무제표를 작성해야 한다. 과거에는 각 나라마다 고유한 회계기준이 있었으나, 자본시장이 글로벌화되면서 통일된 회계기준(국제회계기준)이 필요하게 되었다. 그래서 각 나라마다 고유한 회계기준을 버리고 국제회계기준을 채택하는 나라가 늘게 되었는데, 우리나라도 국제회계기준을 채택해서 상장사의 회계처리기준으로 삼고 있다.

비전문가인 회사 사장님이 회계기준을 다 알 필요는 없으나 비상장사는 일반기업회계기준, 상장사는 K-IFRS가 적용된다는 정도는 알면 좋다. 참고로 비영리법인의 위한 비영리법인회계기준서, 병원을 위한 의료기관회계기준, 학교 등을 위한 사학기관재무회계규칙, 공동주택을 위한 공동주택처리기준 등 법인 종류에 따라 회계기준도 다양하다.

6

창업기업은 세제지원제도를 활용하자

중소기업을 운영한다면 세금을 줄여주는 다섯 가지 대표적인 제도를 알아야 한다.

- **창업중소기업 등에 대한 세액감면**
- **중소기업에 대한 특별세액감면**
- **투자세액공제**
- **연구 및 인력개발비에 대한 세액공제**
- **고용증대 세액공제**

그중에서 창업기업이 받을 수 있는 세액감면 제도를 잘 알아야 한다. 창업기업은 소득이 발생한 뒤 5년 동안 50% 세금만 내면 된다.

시화공단에서 제조업을 하는 김 사장님은 아들이 사업 아이디어를 가지고 왔는데 괜찮은 아이템이라 창업을 권했다.
"사업 초기부터 이익이 날 것 같은데, 주변에서 되도록이면 수도권 밖에서 창업하면 혜택이 더 크다고 하는데 왜 그런지 궁금하다."

창업중소기업의 세액감면은 청년창업인지, 수도권과밀억제권역에서 창업했는지, 업종은 무엇인지에 따라 감면율이 다르니 미리 알아보고 정해야 한다.

수도권 밖에서 창업하라

창업기업은 5년간 50% 세금을 감면해준다. 하지만 수도권(수도권과밀억제권역으로 서울, 인천 대부분, 경기 일부지역)에서 창업하면 이러한 혜택을 받지 못한다. 감면을 받고 싶으면 수도권 외 지역에서 창업하면 된다. 수도권에 인구가 집중되는 것을 방지하기 위한 것이다. 하지만 수도권에서 창업해도 감면해주는 경우가 있다. 청년기업, 벤쳐기업, 신성장서비스 업종으로 창업했다면 수도권과밀억제권역에서 창업해도 감면해준다.

청년창업은 15~34세의 청년이 법인대표가 되어야 하며, 최대주주여야 한다. 청년창업은 좀 더 혜택을 주는 것이다. 그리고 수도권에서 창업한 후 3년 내 벤쳐기업 인증을 받아도 감면이 된다. 벤쳐기업 확인일부터 5년간 50% 감면을 받는다. 마지막으로 신성장서비스업종(소프트웨어개발공급업, 창작예술서비스업, 전문디자인업, 인쇄출판업, 물류사업 등)을 창업하면 수도권이라도 5년간 50% 감면을 받을 수 있다.

창업중소기업 등에 주는 감면제도는 수도권에서 창업했는지 여부, 청년창업인지 여부, 업종에 따라 감면을 받을 수 있는지와 감면율이 다르다. 그리고 창업 후 고용이 증가되면 추가감면을 받을 수도 있으니 꼼꼼히 살펴 제도를 잘 활용해야 한다.

기존 사업승계는 창업이 아니다

회사를 새로 설립해서 사업을 한다고 모두 창업법인으로서 세제혜택을 받을 수 있는 것은 아니다. 만약 기존사업을 승계하거나, 자산을 매입하여 종전사업과 같은 사업을 하는 경우에는 창업으로 보지 않는다. 예를 들어 상속을 받거나, 기존 공장을 경매 받아서 같은 사업을 하면 창업으로 보지 않는 것이다.

그리고 개인사업자가 법인전환을 해서 사업을 하거나 사업장을 폐업한 후 다른 장소에서 같은 사업을 하는 경우도 마찬가지다. 가장 애매한 것이 사업을 확정하거나 다른 업종을 추가하는 것인데 이것도 창업으로 보지 않으니 주의해야 한다.

7

자녀가 창업하면 도와줄 수 있는 방법

자녀가 사업을 시작할 때 자본이 없다면 부모가 지원해 줄 수 있다. 하지만 지원 방법에 따라 장단점이 있고, 세금이 다르기 때문에 꼼꼼히 따져보고 결정해야 한다.

춘천에서 음료제조업을 하는 박 사장님은 고민이 있다. 아들이 직장을 그만두고 사업을 하겠다는 것이다. 창업을 하려면 5억 원의 자금이 필요한데 직장생활을 짧게 해서 모아둔 돈이 없다. 전 직장에서 마케팅상품을 개발해서 대행하는 일을 했는데 능력을 인정받으며 일을 하다 보니 본인이 직접 해도 성공하겠다는 생각이 들었다고 한다. 사업계획을 들어보니 사업성이 있을 것 같아 적극 도와주고 싶다.

자녀가 사업을 한다거나 투자를 할 때 본인 자금이 없으면 부모가 도와줄 수 있다. 하지만 세금은 피할 수 없다. 자녀에게 자금을 지원할 수 있는 방법은 두 가지다. 증여(공짜로 주는 것)와 대여(빌려주는 것)다. 필요한 자금 규모와 사업 전망에 따라 증여가 유리할 수 있고, 대여가 유리할 수 있으니 꼼꼼히 살펴보고 선택해야 한다.

증여를 통한 자금 지원

자녀에게 자금을 증여하면 자녀가 증여세를 내야한다. 증여세는 10~50% 세율로 증여하는 금액에 따라 적용세율 다르다. 증여금액이 커질수록 높은 세율을 적용받는다.

자녀가 성년인 경우 10년에 한 번씩 5,000만 원까지 세금 없이 증여가 가능하다. 하지만 증여금액이 5,000만 원 이상인 경우에는 증여세가 나온다. 증여금액에 따라 나오는 세금을 예시하면 아래와 같다. (신고기한 내 자진 납부하면 3% 깎아준다.)

증여금액	증여세
1억 원	500만 원
5억 원	8,000만 원
10억 원	2.25억 원
20억 원	6.2억 원
30억 원	10.2억 원

증여는 금액이 클수록 세금이 많이 나오기 때문에 초기자금이

작을 때 적당한 방법이다. 그리고 자녀가 받고 나서 갚을 필요가 없으니 사업이 실패하더라도 부담이 없다.

대여를 통한 자금 지원

경주에서 숙박업을 하는 최 사장님은 고민이 있다. 딸이 사업을 시작하는데 돈을 빌려달라는 것이다. 이자를 안 받고 무이자로 빌려주기로 했지만 주위에서 세금이 나온다고 한다. 그럼 이자를 얼마나 받아야 하는지 궁금하다.

만약 자녀에게 돈을 빌려주면 이자를 얼마나 받아야 할까? 세법에서는 4.6%의 이자를 규정하고 있다. 하지만 자녀한테 이자를 받기는 부담스럽다. 그럼 4.6%보다 낮은 이자로 빌려줄 수 있을까? 물론 저금리로 빌려줄 수는 있다. 하지만 4.6%로 계산한 이자와 저금리로 계산한 이자의 차이가 연간 1,000만 원이 넘어가면 이자 차이에 대해 증여세를 내야 한다. 이런 논리면 연간 1,000만 원이 넘지 않는 무이자 대출가능금액은 약 2억 1,700만 원으로 계산된다. 이는 곧, 이 금액까지는 자녀에게 증여세 없이 무이자로 대출가능하다는 이야기다. 하지만 자녀와의 자금 거래는 조심해야 한다. 기본적으로 자녀에게 빌려주는 금액은 증여로 보기 때문에 빌려줬다는 것을 입증해야 세무 리스크를 줄일 수 있다. 예를 들어 차용증, 이자지급내역, 원금상환내역 등이 필요하다.

그리고 법인을 운영하고 있다면 법인에서 자녀에게 빌려주는 것도 가능하다. 하지만 법인 대여는 세무상 불이익을 감수해야 한다. 창업 후 성장에 대한 확신이 있다면 유효한 방법이다. 대여는 자금을 빌리는 자녀 입장에서는 상환을 해야 하는 부담이 있기 때문에, 초기자금이 많이 들어가거나 사업의 확정성이 높고 실패가능성이 낮은 경우에 좋은 방법이다.

창업자금 증여세 과세특례제도를 활용하면 5억 원까지는 증여세가 없다

자녀에게 5억 원을 증여하면 8천만 원의 증여세가 나온다. 하지만 자녀가 창업한다면 세금 없이 증여가 가능하다.

남동공단에서 전자제품 부품업을 하는 한 사장님의 아들은 프랑스에서 요리를 배워 귀국 후 서래마을에서 다이닝 레스토랑을 오픈하려고 한다. 하지만 보증금, 권리금, 인테리어 비용, 운영자금 등 창업 비용이 10억 원은 든다고 하여 고민이다. 증여를 하자니 세금이 많이 나오고, 빌려주자니 아들한테 이자를 받아야 한다고 한다.

한 사장님처럼 자녀가 창업한다면 '창업자금 증여세 과세특례제도'를 활용할만하다. '창업자금 증여세 과세특례제도'는 창업 활성화, 창업을 통한 고용, 투자촉진을 위한 세제지원제도다. 자녀에게 창업자금으로 증여할 때 5억 원까지는 증여세가 없다. 그리고 50억 원(종업원 10명 이상 고용하면 100억 원)까지 10% 낮은 세율로 증여세를 내면 된다.

앞서 한 사장님이 다이닝 레스토랑을 오픈하는 아들에게 10억 원을 증여한다면 2.25억 원의 증여세가 나온다. 하지만 증여세 과세특례제도를 이용하면 10억 원에서 5억 원을 제외한 5억 원의 10%인 5천만 원만 부담하면 된다. 나중에 부모 사망 시 증여한 10억 원은 상속재산에 합쳐져서 상속세로 정산된다. 즉 세금을 아예 안 내는 것이 아니고 상속 시점까지 이연시켜 주는 것이다. 정리하면 일단 낮은 증여세로 창업을 하게 도와주고 나중에 정상세금을 납부하도록 하는 제도이다. 자녀 입장에서는 돈은 미리 받고 세금은 나중에 낸다고 이해하면 편하다.

창업자금 증여세 과세특례제도를 활용하려면 부모가 만 60세 이상이고 자녀가 만 18세 이상이여야 한다. 창업은 세법에서 정한 업종이어야 하고, 증여받은 돈으로 2년 내 창업하고 4년 내에 사업에 전부 사용해야 한다. 그리고 10년 동안 사업을 유지해야 한다는 요건도 있다. (망해서 폐업하는 경우는 예외)

이렇게 장점이 많은 제도인데도 10년 동안 사업을 유지해야 한다는 요건 때문에 주저하는 경우가 많다. 요건을 충족하지 못하면 정상적인 증여세는 물론이고, 이자까지 납부해야 하니 부담스러울 수 있다. 하지만 창업 아이템이 좋아 어느 정도 성공 가능성을 보인다면 낮은 세금으로 창업자금 증여가 가능하니 눈여겨 볼만한 제도이다. 또한 매년 세법개정이 되니 사후관리 기간이 줄어든다면 적극적으로 활용할만하다.

8

창업 기업에 대한 부모의 자금 지원은 조심하자

자녀가 대주주인 법인에 부모가 자금 지원을 해주는 경우가 있다. 자녀법인이 창업 초기면 신용이 부족해 필요한 자금을 금융권에서 조달하기가 쉽지 않다. 그렇기에 자산이 있는 부모가 담보를 제공하거나 부모 자금을 자녀법인에 직접 빌려줄 수 있다.

서울에서 도매업을 운영하는 한 사장님은 요즘 고민이 있다. 아들이 운영하는 회사가 어렵다는 소식을 들었는데 어떻게 도와주면 좋을지 몰라서다.

"직장을 다니던 아들이 몇 년 전 소프트웨어 회사를 창업했는데 요즘 자금 사정이 좋지 않아 도움이 필요하다. 필요한 자금이 15억 원 정도인데, 담보가 부족하여 은행에서 돈 빌리기도 어렵다고 한다. 내가 담보 혹은 직접 돈을 제공해주고 싶은데 문제가 없는지 궁금하다."

자녀법인에 대한 자금 지원은 주주인 자녀가 증여세를 낼 수 있으니 조심해야 한다. 저금리로 빌려주거나 담보 제공을 통한 우회자금지원은 자녀법인이 이익을 보게 된다. 그러면 해당 법인의 주주인 자녀도 이익을 본다고 보는 것이다. 즉 부모가 자녀법인을 통해 자녀 개인에게 증여한 것으로 보는 것이다.

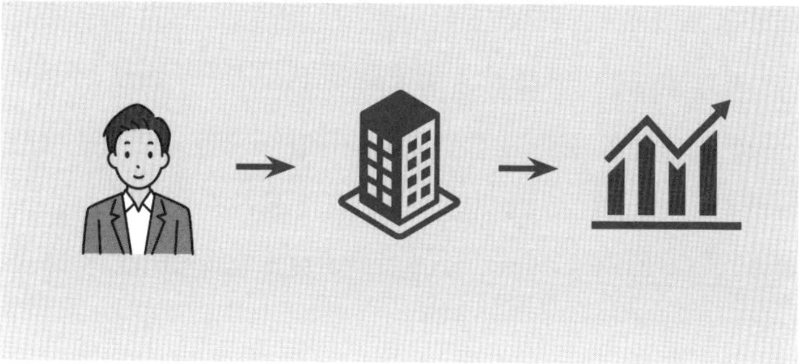

자녀법인에 자금 대여

부모가 자녀법인에 자금을 직접 지원해주는 방법이 있다. 증자(자녀법인이 주식을 발행하면 부모가 주주가 되는 것)에 참여, 혹은 대여를 해주는 방법이 있는데, 증자 참여는 부모 지분율이 높아지고 나중에 자금을 회수할 때 세금 부담도 있으니, 증자 참여보다는 대여가 여러모로 유리하다.

자녀법인을 지원해야 하니 '이자율은 최대한 낮게' '금액은 최대한 높게' 정하고 싶을 것이다. 하지만 이자율과 금액 결정에 신중해야 한다. 낮은 이자율로 빌려주면 자녀법인이 혜택을 본다. 예를 들어 부모가 자녀법인에 무이자로 대출해주면 세법에서는 4.6%로 계산한 이자를 부모가 자녀법인에 지원한 것으로 보는 것이다.

위의 한 사장님이 아들 회사에 15억 원을 무이자로 빌려주면 15억 원의 4.6%인 6,900만 원을 회사가 혜택을 본 것이고 주주인 아들이 그 금액만큼 증여받았다고 본다. 하지만 법인을 통해 혜택 보는 금액이 연간 1억 원을 넘어야지 주주인 자녀에게 증여세가 부과된다. 예를 들어 자녀 지분이 100%인 법인에 부모가 30억 원을 무이자로 빌려준다면 법인은 30억 원의 4.6%인 1억 3,800만 원의 이자만큼 혜택을 본다고 간주하고 주주인 자녀가 증여세를 부담하게 되는 것이다. 즉, 자녀법인에 자금 지원하면 법인의 지분 가치가 상승할 것이고 주주인 자녀가 그 이익을 볼 것이라는 논리다.

자녀법인에 담보 제공

자녀법인의 신용도가 낮거나 담보가 부족할 경우 금융권에서 차입하기가 쉽지 않다. 그래서 부모 소유의 부동산을 담보로 제공하는 경우가 있다. 이 경우에도 주주인 자녀에게 증여세가 나올 수 있으니 조심해야 한다.

위의 한 사장님이 만약 현금이 없고 강남에 빌딩을 가지고 있다고 가정하면 빌딩을 은행에 담보로 제공하고 아들 회사가 대출을 받을 수도 있을 것이다. 하지만 이런 경우에도 증여세가 나올 수 있으니 조심해야 한다. 차입이자와 세법에서 정한 이자(4.6%)와의 차이가 연 1억 원 이상이 되면 법인주주인 자녀에게 증여세가 부과

된다.

예를 들어 부모 부동산을 담보로 자녀법인이 3% 이자율로 70억 원을 차입한다고 하자. 매년 2.1억 원의 이자를 은행에 내게 된다. 세법에서는 3.22억 원(4.6%로 계산된 이자)과 실제지급이자 2.1억 원과의 차익인 1.12억 원만큼 법인이 이득을 봤다고 본다. 그만큼 주식 가치가 증가했다고 보고 법인주주인 자녀에게 증여세를 부담시키는 것이다.

자녀법인을 지원하는 방법은 그 외에도 다양하다. 하지만 자녀법인을 지원하게 되면 주주인 자녀에게도 증여세가 나올 수 있으니 지원하는 방법과 금액에 대해 충분히 고민 후 선택해야 한다.

2장

성장기! 회계관리와 절세가 중요하다

1

장부상 이익인데 현금이 없어요

중소기업을 운영하는 사장님들 중에 본인 회사 재무제표를 자세히 본 적이 없다고 말하는 분들이 의외로 많다. 물론 보지 않아도 대충 아니깐 신경을 쓰지 않을 수도 있지만, 무엇을 봐야하는지, 어떻게 해석해야 하는지 몰라서 그럴 수도 있다.

안산에서 제조업을 하는 김 사장님은 기술 개발이나 영업이외에는 관심이 없다. 본인 회사 재무제표를 제대로 본 적이 없다.

"매년 재무제표를 보고 받고는 있는데 자산, 부채, 매출, 순이익 정도만 체크하는 수준이다. 사실 회계를 배운 적도 없고 관심도 없었는데, 몇 년 전 세무조사를 받고 관심이 생겼다. 하지만 왠지 어렵게 느껴지고 누가 가르쳐주는 사람도 없으니 재무제표에서 무엇을 보고, 어떻게 해석해야 하는지 모르겠다."

보통 창업주들은 엔지니어 출신이 많아서 회계·세무·재무 등 지식이 없는 경우가 많고, 주변에 가르쳐 주는 사람도 없다. 하지만 회사의 경영자라면 재무제표를 보고 그 의미와 숫자에 대한 해석을 어느 정도는 할 줄 알아야 한다. 세무조사를 받는 등의 상황이 생겨야지만 비로소 관심을 갖고 공부하는 경우가 많다. 하지만 그때는 이미 늦다.

우선 재무제표의 종류를 알 필요가 있다. 중요한 재무제표로는 회사의 재정 상태를 보여주는 재무상태표, 경영 성과를 나타내는 손익계산서, 현금에 대한 현금흐름표로 세 가지가 있다.

재무상태표는 회사의 재정 상태를 보여준다

재무상태표는 회사의 자산, 부채, 자본을 표시한다. 자산은 우리 회사가 보유하고 있는 현금, 매출채권, 미수금, 유가증권, 부동산, 기계설비 등이고, 부채는 우리 회사가 갚아야 매입채무, 미지급금, 차입금 등이다. 그리고 자본은 주주가 투입한 자본금과 사업하는 동안 벌어들인 이익(이익잉여금)이 합쳐진 금액이다.

재무상태표를 볼 때 왼쪽은 자산, 오른쪽은 부채와 자본이 표시된다. 여기서 '자산' 총액과 '부채+자본' 총액은 항상 같다. 이는 회사가 보유하고 있는 자산이 부채와 자본으로 조달한 금액으로 이루어졌다는 의미다. 외부에서 빌린 자금, 주주가 투입한 자금 그리고 사업을 하면서 벌어들인 자금으로 자산을 샀다는 의미가 되기도 한다.

결국 재무상태표에서 왼쪽은 우리 회사가 가지고 있는 자산 항목들, 오른쪽은 회사가 갚아야 할 부채 항목들을 나타낸다. 그리고 자본 항목은 주주가 투자한 자본금과 회사가 벌어들인 이익의 누계치인 이익잉여금를 나타낸다고 볼 수 있다.

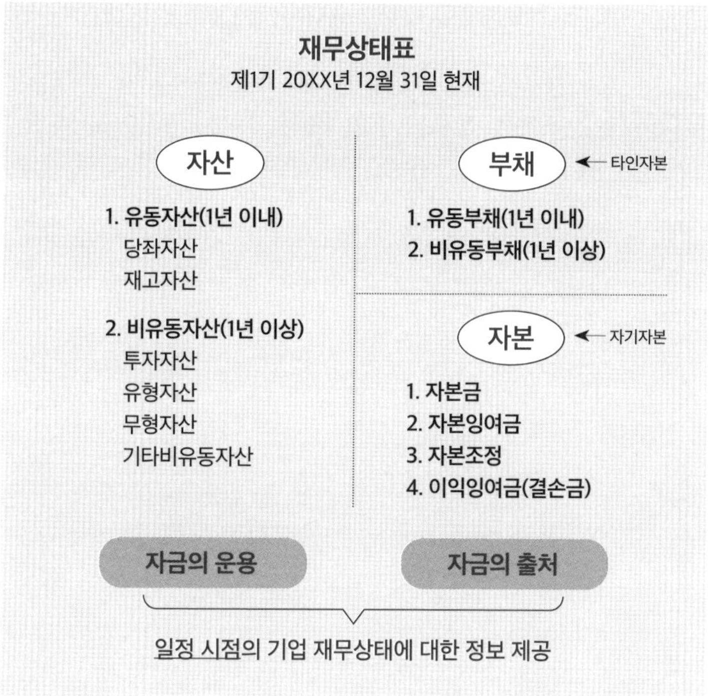

손익계산서는 1년의 경영 성과를 보여 준다

손익계산서는 1년 동안 우리 회사의 사업 성과를 보여준다. 보통 매출, 매출원가, 매출총이익, 판매관리비, 영업이익, 영업외손익, 당기순이익의 순서로 표시가 된다.

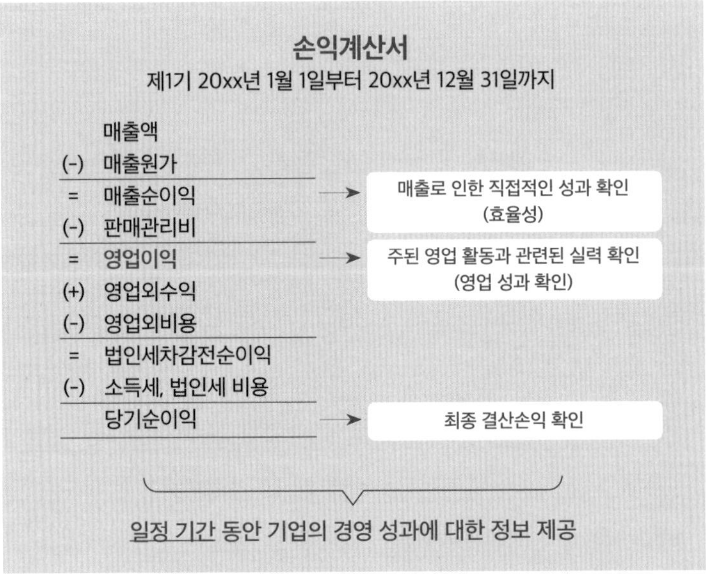

매출에서 매출원가를 빼면 매출총이익이 된다. 제품을 판 금액에서 원재료비, 노무비, 감가상각비 등을 빼면 매출총이익이 계산된다. 제품과 직접 관련된 이익이라고 생각하면 쉽다.

매출총이익에서 관리직원 급여, 운송비, 수수료 등의 비용을 제하면 영업이익이 계산되는데, 영업이익은 회사 영업과 관련된 일상적인 이익이다. 영업이익에서 영업외수익, 영업외비용을 가감하면 당기순이익이 산출된다. 대표적인 영업외손익은 이자수익과 이자비용 등인데 영업과 상관없는 비일상적인 것들이다.

우리 회사 주된 영업과 관련된 성과를 보고 싶으면 영업이익을, 전체 성과를 알고 싶으면 당기순이익을 보면 된다.

장부상 이익인데 회사에는 돈이 없는 이유, 현금흐름표는 알고 있다

평택에서 화학업을 하는 한 사장님은 요즘 자금 사정이 좋지 않다. 매출이 늘어나고 이익은 좋아졌는데 회사에 돈이 없는 것이다.

"손익계산서에는 이익이 났다. 그런데 회사에 돈이 없다. 직원에게 물어보니, 순이익은 났는데 영업현금흐름이 마이너스라는 것이다. 장부상 이익이지만 현금이 돌지 않는다고 한다. 흑자도산이라는 이야기를 들어봤는데 우리 회사 이야기가 아닌지 겁이 난다."

회계는 발생주의로 표시한다. 발생주의로 회계처리 시, 1,000원의 제품을 팔아서 500원을 받고 500원은 못 받았더라도 제품이 판매되었으면 손익계산서에는 매출 1,000원으로 표시된다. 하지만 현금흐름표에서는 현금으로 받은 500원이 표시되는 것이다. 현금흐름표의 모든 숫자는 들어오는 현금과 나가는 현금을 표시한다.

현금흐름표에는 회사의 영업 활동으로 인한 현금흐름, 투자 활동으로 인한 현금흐름, 재무 활동으로 인한 현금흐름이 표시된다.

영업 활동으로 인한 현금흐름은 장부상 이익이 아닌 제품 판매한 후 현금으로 벌어들인 성과를 표시한다. 투자 활동으로 인한 현금흐름은 자산 매각으로 들어온 현금과 자산 매입으로 나간 현금이 표시된다. 마지막으로 재무 활동으로 인한 현금흐름은 차입으로 인한 현금유입과 차입금 상환으로 인한 현금유출이 표시된다.

이렇게 활동별로 표시된 현금증감은 기초현금과 더해져서 기말현금이 되는데 이는 재무상표상에 현금과 동일한 금액이 된다. 기업의 현금흐름을 보면 재무상태표와 손익계산서에서 보지 못하는 것을 볼 수 있어 기업성과를 측정하는 유용한 정보를 얻을 수 있다.

2

재고자산으로 분식회계가 가능하다

재고자산관리는 제조업을 영위하는 분들이라면 어렵고 복잡하다고 생각한다. 하지만 어렵다고 관리에 소홀하면 나중에 더 큰 부담으로 다가오기 때문에 기업 규모가 작을 때부터 시작해야 한다. 특히, 재고자산을 분식회계의 도구로 활용하려는 유혹에 빠지기 쉽다. 관리가 더욱 더 중요해지는 이유다.

화성에서 포장지 제조업을 하는 김 사장님은 요즘 고민이 많다. 올해 적자가 날 것 같은데, 은행에 문의하니 적자가 나면 신용등급이 낮아져서 금리가 오른다고 한다. 이러한 상황을 친구에게 털어놓으니 좋은 방법이 있다고 한다.

"사업하는 친구가 재고자산으로 분식회계가 가능하다고 하는데 어떻게 하는지 궁금하다."

재고자산을 이용한 분식회계 프로세스

기업은 다양한 이유로 분식회계 유혹에 빠지기 쉽다. 대표적으로 주주나 채권자에게 잘 보이기 위해 이익을 늘리고 싶은 유혹, 그리고 세금 때문에 이익을 낮추려는 유혹이다.

분식회계는 외부회계감사 대상 법인보다는 외부감사를 받지 않는 비외감법인이 유혹에 빠지기 쉽다. 주로 재고자산 조정을 통해 이루어지는데, 이유는 티나지 않고 간단하기 때문이다. 이는 재고가액을 실제 재고가액과 다르게 임의의 금액을 넣는 방식이다.

기업의 성과를 측정하고 법인세 계산의 출발점이 되는 순이익은 '매출-매출원가-판매관리비±영업외손익'으로 계산된다. 이 계산식에서 매출원가를 올리면 순이익이 감소하고 내리면 증가한다. 재고조정은 결국 매출원가를 올리고 낮추기 위해 이루어지는 것이다. 그럼 매출원가는 어떻게 계산되는가? 대부분의 중소기업은 팔린 제품의 원가를 건별로 계산하지 않고 연말에 한 번에 계산한다. 기초재고가 없다고 가정하면 올해 제품 제조를 위해 투입한 원재료비, 인건비, 경비에서 기말에 남아 있는 재고자산금액을 빼주면 자연스럽게 팔린 제품의 원가가 계산되는 것이다.

매출원가 = 기초재고 + 당기투입원가 - 기말재고

위 식을 보면 쉽게 이해할 수 있다. 기말재고를 올리면 매출원가가 감소하고 기말재고를 내리면 매출원가가 증가한다. 결국 '기말재고 증감 → 매출원가 증감 → 순이익의 증감'으로 이어지는 구조다. 재고자산을 늘리면 순이익이 증가하고 내리면 순이익이 감소한다. 분식회계를 하고 싶으면 재고자산을 부풀려 이익을 늘리고 재고자산을 축소시켜 이익을 줄이면 되는 것이다.

물론 이러한 방법도 한계는 있다. 기말재고 장부금액을 조정하는 것으로 순이익 조정이 가능하겠지만, 기말재고는 다음 해 기초재고로 넘어오기 때문에 다음 해에는 순이익 조정의 반대 효과를 가져온다. 결국 재고 조정으로 인한 순이익 효과는 일시적이고 길게 보면 평준화된다.

올바른 재고자산관리

재고자산은 기업 규모가 작을 때부터 잘 관리해야지 기업 규모가 커지면 감당할 수 없을 만큼 일이 커질 수 있다. 내부적으로는 재고관리를 잘하고 있지만 재무제표에는 반영 안 되는 경우도 있다.

재고관리의 기본은 재고의 수불관리다. 수불관리란 제품이 생산되어 창고에 들어오고 팔려서 나가는 일련의 과정을 기록하는 것이다. 제품이 들어오고 나가는 과정을 기록하다 보면 특정시점(기말)에 장부에 재고가 남아 있을 것이다. 특정시점에 장부상 재고가 실제 있는지 실사를 통해 맞춰보는 것이다. 차이가 있으면 그 차이 원인을 알아보고 장부에서 조정하면 된다. 이러한 수불관리가 제대로 되어야지 발생한 원가를 매출원가(팔린 원가)와 재고자산(남은 원가)으로 배분해줄 수 있는 것이다.

내부적으로 재고자산관리를 잘 하고 있더라도 이를 재무제표에 반영하지 않으면 소용없다. 이것은 경영자의 의지다. 분식회계는 언제가 기업성장에 발목을 잡기 때문에 단기간의 이익을 위해 분식회계 유혹에 빠지면 안 될 것이다.

3

현명한 외부자금 유치 방법

기업이 성장하게 되면 자금이 필요하다. 보통 금융권에서 운영자금이나 시설자금을 빌린다. 담보나 신용이 부족하다면 보증서(지역신용보증재단, 신용보증기금, 기술보증기금)를 쓰기도 하고 정책자금(중소기업진흥공단, 지방자치단체, 한국은행 등)을 활용하기도 한다.

수원에서 제조업을 하는 박 사장님은 사업 확장으로 돈이 필요한데 금융권에서는 더 이상 조달하기가 쉽지 않아 고민이다.

"반도체 소재를 만들고 있는데 사업 초기라 매출은 미미하지만 기술은 좋아서 전망이 밝다. 최근 외부에서 우리 회사에 투자를 하고 싶다는 의향을 보내왔다. 회사 입장에서도 기술개발과 시설투자로 자금이 필요한데 금융권에서는 조달하기 쉽지 않아 긍정적으로 생각하고 있다. 투자를 받으면 전략적 파트너 역할을 해준다고 하는데 외부투자를 받을

때 주의할 게 무엇인지 궁금하다."

창업 초기 기업은 담보나 신용이 부족하여 대출을 통한 조달금액의 한계가 있다. 회사 성장을 위해 자금이 필요하다면 지분투자를 통한 외부투자 유치도 방법이 될 수 있다.

주식을 발행해서 투자 유치하는 지분투자 방식

지분투자는 외부 투자자가 우리 회사 지분을 사가는 거다. 여기 말하는 지분은 대표이사가 가지고 있는 주식(구주)을 말하는 것이 아니라 회사가 발행하는 주식(신주)이다. 간혹 대표이사가 보유한 지분을 사가는 경우도 있는데 이때에는 돈이 회사로 들어오는 것 아니라 대표이사 개인으로 들어가게 된다. 예외적인 경우다.

지분투자금액이 회사로 들어와서 쓸 수 있으려면 신주를 발행해서 투자자에게 주어야 하는데 여기 중요한 것이 발행가격이다. 발행가격은 '기업가치÷주식수'로 계산하는데, 결국 기업 가치를 어떻게 볼 것인가가 중요하다.

창업 초기 기업은 데이터가 부족하기 때문에 기업가치를 계산하기 어렵다. 협상의 영역인 것인데, 협상할 때 서로가 생각하는 기업가치에 대한 근거가 있을 것이다. 다양한 기업가치 산정 방법은 전문가 영역이므로 외부에 도움을 받는 것도 좋다. 중요한 것은 협상한 기업가치로 신주를 발행한다면 대표이사(최대주주) 지분이 얼마나 희석될 것인가이다. 본인 지분율 100%인 상태에서 기업가치 50억 원을 인정받았고 10억 원 지분투자를 받으면 본인 지분율은 83%까지 줄고, 50억 원을 투자받으면 50%까지 줄어든다.

지분율은 의사결정 시 투표권이기 때문에 주주총회 의결권 규정을 알 필요가 있다. 주주총회 특별결의는 지분율 2/3 이상 필요하고, 보통결의는 지분율 과반수 이상이 필요하다. 그렇기 때문에 외부투자를 받더라도 본인 지분율이 50% 이하로 하락하는 것은 조심해야 한다.

전환상환우선주(RCPS)를 통한 투자 유치 방법

벤처캐피탈(VC) 등 기관 투자가들이 스타트업 투자 시 많이 활용하는 방법이다. 우선주를 발행하는데 이에 옵션이 있는 것이다. 바로 보통주로 전환할 수 있는 옵션(전환권), 전환하지 않고 투자 금액을 상환 받을 수 있는 옵션(상환권)이 그것이다. 전환사채, 신주인수권부 사채와 유사하다.

대전에서 바이오기업을 운영하는 심 사장님은 최근 아는 지인을 통해 VC에서 투자하고 싶다는 제안을 받았다. 외부자금 조달이 쉽지 않은 터라 투자 제안에 솔깃해졌지만, 제안받은 투자방식 RCPS가 처음 들어보는 단어라 당황스러웠다.

"전환상환우선주 투자계약서를 가지고 왔는데, 모르는 단어투성이고 투자 방법이나 조건을 이해하지 못하겠다. 투자 유치를 받아야 하는지

고민이다."

전환상환우선주 발행 조건은 개별 계약이기 때문에 다양하다. 하지만 투자자에게 유리한 경우가 많다. 전환하지 않고 상환하는 경우 투자원금뿐만 아니라 높은 이자까지 요구하거나, 기업가치를 낮게 평가하여 전환권 행사 후 대표이사(대주주) 지분율 희석이 심할 수도 있다. 계약서상 투자 조건을 꼼꼼히 따져야 하고, 필요하면 전문가의 도움을 받는 게 좋다.

또한 전환상환우선주는 자본으로 분류되어 부채비율이 낮아지는 효과가 있으나 상장 시 적용하는 회계기준에 의하면 부채로 분류되어 부채비율이 급격히 높아지는 단점이 있다. 통상 IPO시점에는 보통주로 전환한다.

4

회계관리를 잘못하면 나도 모르는 빚이 생긴다

창업 초기 혹은 성장기 기업들이 주의해야 할 계정과목이 몇 가지 있다. 그중 가지급금 계정이 발생되면 주의를 해야 한다. 가지급금은 현금이 지출되었으나 그 내용이 확정되지 않아 쓰는 임시 계정이다. 나중에 내용이 확인되면 해당 계정으로 바뀌는 것이다.

가지급금으로 고민하는 사장님들이 많다. 다양한 이유로 가지급금이 생겨나, 신경을 못 쓰는 사이에 계속 불어난다. 나중에는 수십억 원이 되는 경우도 있다. 가지급금은 그 원인을 밝혀내지 못하면 법인이 대표이사에게 빌려준 돈으로 본다. 결국 대표이사가 법인에 갚아야 되는 돈이 되는 것이다. 가지급금은 세법상 불이익도 있으니 잘 관리해야 한다.

부산에서 제조업을 하는 김 사장님은 장부기장을 외부 세무회계 사무

소에 맡기고 있다. 사업에 바빠 세무회계 사무소가 잘 알아서 하겠지라고 생각하고 몇 년간 회사 재무제표에 신경을 쓰지 못했다.

"최근 대출 받을 일이 있어 재무제표를 제출했는데, 은행에서 재무제표에 가지급금 5억 원이 있다고 하면서 왜 생겼는지 물어봤다. 처음 보는 금액이라 당황스러워 주위에 물어보니 내가 법인에 갚아야 하는 돈이라고 하는데 난 법인에서 돈을 빌린 기억이 없다. 기장을 맡기고 있는 세무회계 사무소에 문의하니 증빙 없는 비용이 쌓인 거라며 세금도 더 내야 한다고 한다. 너무 답답하다."

이처럼 중소기업 사장님 중에 본인도 모르는 가지급금이 생겨 고민하는 분들이 의외로 많다.

가지급금의 발생 원인

가지급금은 다양한 원인에 의해서 발생할 수 있다. 발생 원인은 다양하지만 회사 입장에서는 대여금이고 사장님 입장에서는 갚아야 할 부채 성격이기 때문에 발생을 최소화해야 하고 이미 발생한 가지급금은 빨리 정리하는 것이 좋다.

첫 번째 발생 원인은 사장님이 법인으로부터 빌려간 금액을 갚지 않아 가지급금 형태로 남아 있는 경우이다. 실질적으로 대여금인 것이다. 이러한 대여금을 세법 용어로 업무무관가지급금이라고 한다.

두 번째 발생 원인은 통장에서 출금되었지만, 증빙이 없어 비용으로 처리하지 못하고 가지급금으로 남겨놓은 경우다. 경리 담당자 입장에서는 법인통장에서 출금이 되었으면, 출금금액을 회계처리해야 하는데 증빙이 없으면 가지급금으로 일단 처리한다. 연말까지 원인을 밝혀내지 못하면 가지급금으로 계속 남아 있는 것이다. 외부기장을 하는 법인에서 자주 발생한다.

첫 번째 원인은 별 문제가 되지 않는다. 빌려간 돈이니 법인에 갚으면 되는 것이다. 문제는 두 번째 원인으로 발생한 가지급금이다. 회계처리의 오류로 수년간 계속 쌓이면서 대표이사가 갚아야 하는 금액이 눈덩이처럼 불어난다. 시간이 지나면 가지급금으로 처리한 금액이 왜 발생했는지 밝히기 힘든 경우가 많다.

가지급금과 세금

가지급금은 그 원인을 밝히지 못하면, 회사에서 사장님에게 빌려준 돈으로 본다. 이자를 받지 않았다면 세법상 계산한 이자(가지급금×4.6% 혹은 가중평균 차입금 이자율)만큼 법인의 이자수입으로 보고 법인세를 내야 한다. 그리고 그 이자만큼 대표이사 소득으로 보고 소득세를 낸다. 그리고 법인에 차입금이 있으면 차입금에 대한 이자비용 중 '가지급금÷차입금' 비율만큼의 이자가 비용처리 되지 않아 법인세를 추가로 내야한다.

앞서 예시를 든 부산의 김 사장님 회사에는 5년 동안 쌓인 가지급금이 5억 원이다. 발생 원인을 밝혀내지 못한다면 매년 추가로 내야하는 세금이 얼마인지 계산해 보자.

- **가지급금(대표이사 대여금): 5억 원**
- **법인세율: 22% (가정)**
- **대표이사 소득세율: 44% (가정)**
- **회사 전체 차입금: 20억 원 (연이자 1억 원)**

⇒ 법인세 추가납부 금액: 이자수입 추가(5억 원×4.6%×22%)+이자비용 부인(1억 원×(5/20)×22%)=약 1천 1백만 원

⇒ 소득세 추가납부 금액: 대표이사 근로소득세(5억 원×4.6%×44%)=약 1천만 원

세법상 불이익 외에도 가지급금은 은행거래에서 신용도에 좋지 않은 영향을 미치고, 과세당국에서도 개인이 부당하게 사용한 금액으로 볼 여지가 있어 여러모로 좋지 않다. 발생하지 않도록 회계관리를 잘 해야 하고, 어쩔 수 없었던 경우에는 가급적 빨리 정리해야 한다.

가지급금 정리방안

가지급금은 다양한 원인으로 발생한다. 제일 먼저 해야 할 일은 가지급금의 발생 원인을 밝히는 것이다.

예를 들어 증빙 없는 지출이 많은 회사는 증빙 잘 챙겨서 제대로 된 회계처리를 해야 하고, 회계처리 오류로 발생한 가지급금은 과거 회계처리 내역을 검토하고 회계처리 절차를 개선해야 한다. 그래도 정리하지 못하는 가지급금은 결국 사장님이 갚아야 하는데, 상환재원을 어떻게 마련할지에 대한 계획이 필요하다. 제일 간단한 방법은 급여나 배당을 높여 상환하는 것이고, 개인이 가지고 있는 법인지분, 관계사 지분을 법인에 팔아 그 재원으로 상환하는 것도 방법이 될 수 있다. 실무에서는 자기주식 취득 후 소각, 유상감자, 개인보유 특허권 매각 등의 방법을 사용하는 경우도 있다. 하지만 세무상 리스크가 있을 수 있어 전문가와 상의해서 결정해야 한다.

5

사옥을 살 때 누구 명의로 사야하나?

사장님들은 다양한 이유로 빌딩상가를 매수하려고 한다. 임차로 있다가 사옥용으로 사기도 하고, 임대사업을 위해 사기도 한다. 사옥용으로 빌딩상가를 사는 경우에는 법인명의가 가장 좋다. 대출도 더 잘 나오고 가업승계를 할 때도 여러모로 편하다.

하지만 사업과 별개로 임대용 부동산을 사는 경우가 있는데 이때는 개인 명의로 사야할지, 법인을 설립해 법인 명의로 사야할지 고민하는 경우가 있다.

인천에서 제조업을 하는 박 사장님은 사업이 어느 정도 안정권에 접어들었다. 노후를 대비해서 서울에 70억 원 정도 되는 임대용 꼬마빌딩 매수를 고민하고 있다.

"사업해서 돈도 좀 벌었고 나중에 은퇴하면 노후대비용으로 임대건물

하나 사려고 하는데 담당 세무사한테 물어보니 개인이 좋겠다고 하고, 거래하는 은행에 물어보니 법인으로 사는 게 좋겠다고 하는데 어느 쪽 말이 맞는지 모르겠다."

임대용 부동산을 사는데 개인이 좋을지 법인이 좋을지는 자금 사정, 세금, 상속증여 등 다양한 관점에서 유불리를 따져봐야 한다.

대출이 필요하다면 법인이 유리하다

임대용 부동산을 사는데 본인자금으로만 매수하는 경우는 드물다. 본인자금이 모자라면 대출을 받아야 하는데, 개인임대사업자는 법인에 비해 대출받는 데 제한이 있다.

개인임대사업자는 RTI(Rent To Interest) 규제가 있어 대출한도가 낮아질 수 있다. RTI는 이자상환비율은 뜻하는데 쉽게 말하면 임대료수입 대비 이자비용 비율이다. 금융권에서는 RTI를 일정수준 이상 요구하는데 RTI가 높을수록 이자율이 높을수록, 대출한도가 낮아진다.

따라서 개인임대사업자로 하면 대출을 충분히 받지 못해서 봐두었던 빌딩상가를 못 사는 경우가 발생할 수 있다. 그럼 결국엔 법인을 새로 만들거나 기존 법인 명의로 대출을 받아서 살 수밖에 없다.

세금(취득세)을 생각한다면 개인이 유리하다

부동산을 매수하면 몇 가지 세금을 고려해야 하는데 우선 취득세다. 취득세는 4.6%로 개인과 법인이 동일하다. 하지만, 수도권(수도권 과밀억제권역 내: 서울, 인천 대부분, 경기 일부)에서 법인설립 후 5년 내 법인이 임대용 부동산을 사게 되면 취득세가 중과된다. 중과세율은 9.4%이다. 개인으로 취득했을 때보다 취득세가 거의 2배 나오는 것이다.

대출을 더 받겠다고 신규 법인을 설립해서 빌딩을 사게 되면 취득세를 더 내야 한다. 물론 수도권 과밀억제권역 밖에서 법인을 설립하거나 설립 후 5년이 지난 법인을 인수하여 빌딩을 사는 방법도 있으나 세무상 리스크가 있어 전문가의 도움이 필요하다.

부동산 보유 기간에는 임대소득에 대한 세금이 나오고, 팔 때는 양도차익에 대해 세금을 내야 한다. 법인 임대사업자는 임대소득에 대해 법인 단계에서 법인세를, 개인 단계에서 소득세를 낸다. 이중으로 세금을 내는 것이다. 하지만 개인 임대사업자는 소득세를 한 번만 내면 된다. 그리고 양도소득세를 계산할 때 개인은 장기보유특별공제(최대 30% 공제)를 받을 수 있다.

정리하면 투자 수익으로 부동산에 재투자하고 싶으면 취득세를 더 내더라도 법인이 유리하지만, 투자 수익의 전액을 개인이 가지길 원한다면 개인이 유리하다.

자녀에게 증여하려면 법인이 유리하다

투자한 부동산을 자녀에게 넘겨주려는 계획을 가지고 있거나, 자녀와 공동 투자를 생각하는 사장님들도 있다. 이때는 개인보다는 법인이 유리하다.

개인 임대사업자는 부동산을 자녀에게 증여 혹은 부담부증여(대출을 끼고 증여하는 것)로 넘겨야 하는데, 세금도 많이 나오고 분할해 주기가 까다롭다. 또한 공동사업자의 이자 비용은 세무상 비용으로 인정받기 위해서는 요건이 까다롭다. 법인 임대사업자는 법인설립 시 자녀를 주주로 넣어서 자연스러운 승계가 될 수도 있고, 부동산을 넘길 때 실물이 아닌 법인지분을 넘기면 되기 때문에 분할 증여가 쉽다.

개인적인 의견으로는 투자 규모가 작고 매각 계획이 있으면 개인이 유리하고, 투자 규모가 크고 승계까지 생각한다면 법인이 유리해 보인다.

6

직원들에게 사장님 주식을 준다고?

종업원들의 동기부여를 위해 주식을 주려는 사장님들이 있다. 회사가 성장하면 내 재산도 늘어나니 애사심, 주인의식을 가지고 열심히 일할 거라는 기대를 한다. 과연 그럴까?

수원에서 기술영업을 하는 박 사장님은 신입사원이 큰 프로젝트를 성사시키고 나서, 똘똘한 직원 한 명이 얼마나 중요한지 새삼 느낀다.

"대기업처럼 월급을 많이 줄 수 없으니 인재 유치도 힘들고 기존 직원들도 떠날 수 있다는 불안감이 있다. 종업원의 동기부여를 위해 내가 가지고 있는 주식을 주거나, 싼 가격에 주식을 살 수 있는 권리(스톡옵션)를 주는 것이 어떨까 생각 중이다. 어떤 방법이 좋은지 궁금하다."

비상장 중소기업 중 벤처기업이나 상장예정 기업에게는 어느 정도 맞는 말이지만, 일반 비상장 중소기업은 종업원 주식부여에 대해 한 번 더 생각할 필요가 있다. 종업원이 회사주식을 보유하면 기업성과가 더 좋아진다는 실증적인 근거가 부족하다. 또한 종업원 입장에서는 성과급으로 현금을 원하지, 당장 현금화할 수 없는 비상장 기업의 주식을 원하지 않기 때문이다. 그리고 가장 큰 문제점은 종업원이 퇴사하는 경우다. 주식을 부여받은 종업원은 퇴사할 때 본인 주식을 현금화하길 원할 것이다. 이때 갈등이 생길 수 있다. 그리고 퇴사한 직원이 제3자에게 매각한다면 우리 회사 주식을 누가 가지고 있는지 모를 수 있다. 여러 가지 문제가 발생한다.

사장님 보유 주식을 양도, 증여하는 방법

가장 간단하고 쉬운 방법은 사장님 보유 지분을 직원에게 양도나 증여를 하는 것이다. 하지만 양도는 직원이 양도대금을 마련해야 해서 자금 부담이 있다. 성장가능성이 높거나 아주 싸게 팔지 않는 이상 주식을 사지 않을 것이다. 이때 양도차액에 대해 사장님은 양도소득세(20~25%)를 내야한다. 다른 방법, 증여는 무상으로 주는 경우다. 이 경우에도 주식을 받은 직원은 증여세(10~50%)를 내야한다. 양도나 증여 모두 세금 부담이 있어 선호하지 않는 방식이다.

스톡옵션을 주는 방법

스톡옵션은 정해진 기간 내에 일정한 금액(행사 가격)으로 회사

주식을 살 수 있는 권리(차액을 현금으로 줄 수 있음)를 말한다. 종업원 입장에서는 미래 회사가치가 행사가격보다 높아지면 주식을 살 것이고 반대라면 행사를 포기할 것이다.

회사 입장에서는 고정비용을 줄이면서 우수인력을 확보하거나, 기존인력 동기부여수단이 될 수 있다. 종업원 입장에서는 회사 성장의 과실을 향유할 수 있다는 장점이 있다. 또한 행사 시 '시가-행사가액' 차이에 대해 근로소득세를 내야하지만 일정한 요건과 한도 내에서 비과세 혜택도 있다. 하지만 상장사가 아닌 비상장 중소기업의 종업원은 행사 시 본인자금이 필요하기 때문에 부여받은 주식을 팔지 못하면 자금부담이 된다.

스톡옵션의 대안으로 제한조건부주식단위(RSU)를 활용할 수도 있다. RSU는 부여한 목표를 달성하면 주식을 주는 성과보상제도다. 스톡옵션은 행사가격이 존재하지만 RSU는 부여한 조건을 달성하면 주식을 무상으로 줄 수 있다는 점이 스톡옵션과 다르다. 또한 스톡옵션보다 조건과 절차가 간편하다는 장점이 있으나 별도의 세제혜택은 없다.

우리사주조합을 활용하는 방법

우리사주조합은 회사주식을 사들이기 위해 종업원들이 구성한 조합이다. 조합에 자금을 출자하여 출자한 자금으로 자기회사 주식을 사는 것이다. 우리사주조합은 상장예정 회사나 상장사들이 운용하고 있는 경우가 많다. 상장할 때 우리사주조합에 일정비율 우선 배정해야 하므로 상장하기 전 조직하는 경우가 많다. 회사성장의 과실을 종업원과 공유할 수 있고, 주인의식 고취와 우호지분 확보 등의 장점이 있다. 또한 우리사주조합을 통해 주식을 사면 조합에 출자 시(불입 시) 소득공제, 일정기간 보유 시 소득세 비과세, 배당소득 비과세의 세제혜택도 있다.

하지만 비상장 중소기업의 경우 단순히 종업원 동기부여를 위해 우리사주조합을 운영하기에는 관리 측면에서 부담이 될 수 있다. 또한 상장을 하지 않으면 종업원들 입장에서는 굳이 우리사주조합을 조직할 유인이 없다.

7

개인사업자 절세 방법! 법인전환

개인사업자로 사업을 하다가 규모가 커지면 법인전환을 고민하기 시작한다. 법인전환을 고민하는 가장 큰 이유는 세금이다. 소득세율보다는 법인세율이 낮기 때문에 절세가 가능하다는 생각이다. 뿐만 아니라 자녀에게 사업을 승계할 목적으로 법인전환을 고려하는 경우도 있다. 법인설립 시 자녀가 주주로 참여하여 자연스럽게 승계되는 것이다.

반월공단에서 제조업을 하는 박 사장님은 요즘 법인전환을 할지 말지 고민 중이다.
"사업 시작한 지 15년 만에 매출 100억 원의 중소기업으로 키웠다. 하지만 세금이 많이 나와서 요즘 고민이 많다. 다른 소득 없이 사업소득만 있는데 소득세가 4억 원 정도 나온다."

개인사업자로 사업을 시작한 중소기업은 어느 정도 규모가 되면 법인전환을 고민한다. 가장 큰 고민이 세금이고 법인전환으로 얼마나 절세가 되는지 궁금해 한다.

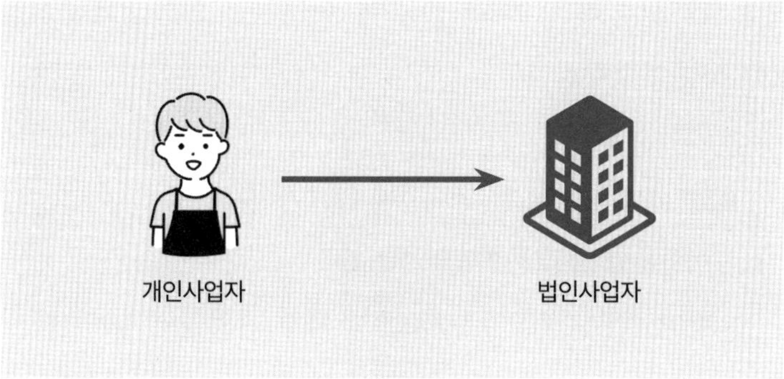

법인전환으로 인한 절세 효과

개인사업자는 사업소득을 다른 소득(이자,배당 등)과 합산하여 종합소득세를 낸다. 종합소득세는 소득금액에 따라 6~45% 세율이 적용되고 소득금액이 10억 원을 넘어가게 되면 45%로 최고세율이다. 이는 개인이 납부한다.

법인사업자는 벌어들인 소득에 대해 법인세를 낸다. 법인세는 소득금액에 따라 9~24% 세율이 적용되는데 중소기업은 대부분 9~19% 세율이 적용된다. 법인이 세금을 납부한다.

개인사업자는 번 돈에서 세금을 내고나면 어떻게 쓰든지 본인 마음이다. 하지만 법인은 번 돈에서 법인세를 내고 남은 돈은 법인

재산이다. 개인이 사용하기 위해서는 급여나 배당을 통해 인출해야 하는데, 그럼 소득세가 발생한다. 법인으로 전환한 뒤 절세 효과는 법인에서 번 돈을 개인이 얼마나 가지고 가냐에 따라 다르다. 극단적으로 법인에서 번 돈 전부를 대표이사 급여로 가져가면 법인전환으로 인한 절세 효과는 없다. 법인전환으로 인한 절세 효과를 예시하면 다음과 같다.

예시1 매출액 20억 원, 소득 2억 원인 개인사업자

- **개인사업자: 소득세 5,600만 원**
- **법인사업자(월급여 1,000만 원 가정): (법인세 700만 원 + 소득세 2,600만 원) = 3,300만 원**

⇒ 절세금액: 2,300만 원

예시2 매출액 50억 원, 소득 5억 원인 개인사업자

- **개인사업자: 소득세 1억 7,000만 원**
- **법인사업자(월급여 1,000만 원 가정): (법인세 5,200만 원 + 소득세 2,600만 원) = 7,800만 원**

⇒ 절세금액: 9,600만 원

위 예시처럼 대표이사 급여가 일정하다는 가정 하에 소득금액이 커질수록 절세 효과는 커진다. 사업이 더 커질 것 같으면 법인전환이 유리한 것이다. 법인전환을 하게 되면 절세 효과가 분명히 있다. 하지만, 법인전환을 한 뒤 절세된 금액으로 법인 대출을 갚거나 시설 투자를 해야 유의미한 것이지, 개인자금으로 쓰기 위해 법인 자금을 많이 빼내면 절세 효과가 반감된다.

법인전환의 장단점

법인사업자와 개인사업자의 큰 차이점은 개인자금 사용의 편의성이다. 개인사업자는 자금을 비교적 자유롭게 사용할 수 있지만, 법인은 개인과 엄격히 분리되기 때문에 개인자금을 사용하려면 세금 등 제약이 많다.

이후 자세히 다루겠지만 중소기업가업승계 세제지원제도 중에 증여세 과세특례제도는 법인사업자만 활용가능하고 개인사업자는 안 된다. 증여를 통해 생전 승계를 원하는 사장님은 법인전환이 유리하다. 그리고 법인은 일정 규모 이상이 되면 공인회계사의 외부회계감사를 받아야 한다.

세감면을 위한 법인전환 방법

법인전환을 하겠다고 결정하고 나면 어떤 방식으로 할지 고민하게 된다. 전환 방식에 따라 장단점이 있고 한 번 결정하고 나면 되돌리기 어렵기 때문에 꼼꼼히 따져봐야 한다.

강릉에서 개인사업자로 식품제조업을 하는 최 사장님은 올해 소득세가 5억 원이 나왔다. 법인으로 전환하면 단점도 있지만, 세부담 때문에 전

환하기로 결정했다. 하지만 법인전환하면 공장부지에 대한 양도소득세와 취득세가 나온다고 하니 걱정이다. 10년 전 공장을 샀는데 양도차익이 거의 10억 원 정도 났다. 양도소득세와 취득세까지 부담하면서까지 법인전환을 해야 하는지 고민이다.

우선 법인전환 방식은 자가부동산에서 사업을 하느냐 임차해서 사업을 하느냐를 따져봐야 한다. 자가 부동산이 없으면 보통 법인을 설립해서 개인사업자의 자산을 법인에 양도한다(사업의 포괄양수도). 세금 이슈가 거의 없고, 법인전환 방식과 주주구성도 어느 정도 자유롭다. 반면에 자가 부동산에서 사업을 하는 개인사업자가 법인전환을 하면 양도소득세(개인이 납부)와 취득세(법인이 납부)를 내야 한다. 이런 부담 때문에 부동산을 제외하고 법인전환을 하는 분들도 있다.

세법에서는 개인사업자의 법인전환을 장려하기 위해 특례규정을 두고 있다. 이러한 특례규정을 활용하면 세부담 없이 법인전환이 가능하다. 하지만 요건을 맞추기 위해서는 법인전환방식과 법인주주구성에 제한이 있다.

양도소득세 이월과세와 취득세 감면 규정

- **양도소득세 이월과세: 법인전환 시 사업용 고정자산 양도로 발생하는 양도소득세를 개인에게 과세하지 않고 양수한 법인이 해당 고정자산을 양도하는 할 때 법인이 법인세로 납부하는 제도(납부주체 변경)**

- **취득세 감면: 법인이 사업용 고정자산을 양수하는 경우 취득세를 부담해야 하지만 75%를 감면해주는 제도**

양도소득세 이월과세와 취득세 감면을 받으려면 세감면 방식의 포괄사업양수도 방법이나 현물출자 방식으로 법인전환하면 된다. 개인자금이 있으면 세감면 포괄사업양수도(법인에 현금을 출자), 없으면 현물출자방식(법인에 자산을 출자)이 유리하다.

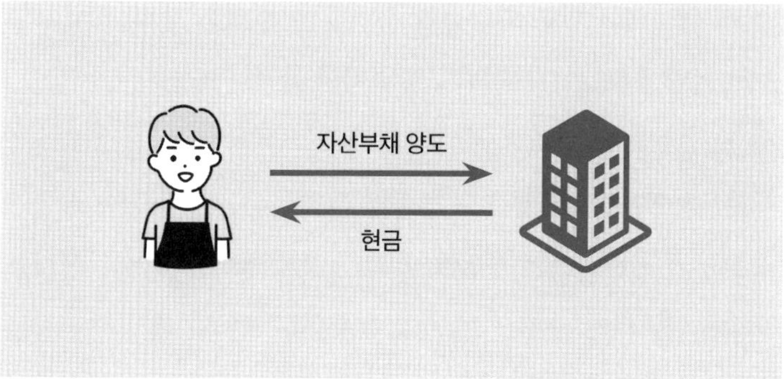

포괄사업양수도 방식은 주주가 자본금을 넣어서 법인을 설립하고, 개인사업자의 자산과 부채 모두를 법인으로 양도하면서 법인으로부터 현금을 받는 방식이다. 현물출자방식에 비해 절차가 간단하고 전환에 필요한 기간이 짧다는 장점이 있다.

세감면 포괄사업양수도 방식은 일정요건을 충족하면 '양도소득세 이월과세'와 '취득세 감면' 규정을 활용할 수 있다.

세감면 요건

① 사업양수도 시 개인사업자가 발기인이 되어 법인설립 및 자본금(개인사업자 순자산금액 이상)을 불입
② 법인설립 후 3개월 안에 개인사업자의 모든 자산과 부채를 포괄양수도 방식으로 신설 법인에 양도
③ 양도세 이월과세는 법인전환 후 5년 동안 사업폐지(사업용 고정자산 50% 이상 처분, 사업에 사용하지 않는 경우 포함)나 지분 50% 이상 처분 금지
④ 취득세 감면은 법인전환 후 5년 동안 사업 폐지, 재산처분(임대 포함), 지분 50% 이상 처분 금지

세감면 포괄사업양수도 방식의 법인전환은 현물출자 방식보다 절차가 간단하다는 장점은 있으나, 세제혜택을 받기 위해서는 개인이 법인에게 순자산 이상의 자본금을 넣어야 해서 개인자금 필요하다. 부동산가액이 커서 순자산금액이 많이 나오는 경우라면 활용하기 힘들다.

예를 들어 개인사업자의 순자산(자산－부채)이 10억 원이라면 법인에 개인자금 10억 원을 출자하여 설립하여야 한다. (법인에 자산을 양도하고 출자한 10억 원을 양수도 대금으로 개인이 가져온다.) 그래야 세감면이 가능하다. 결국 개인이 10억 원을 마련해야 하는 부담이 있다.

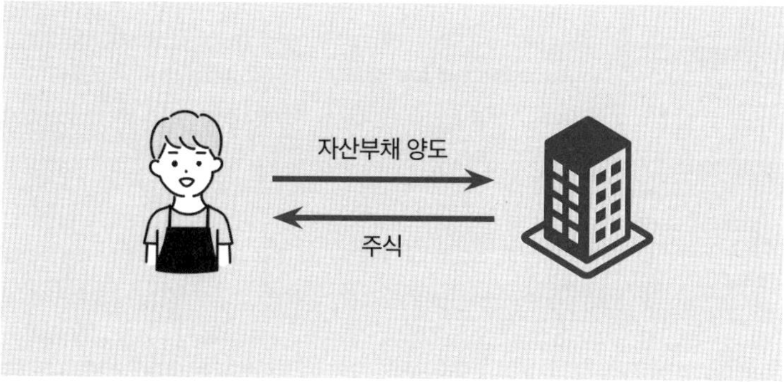

현물출자방식은 사업양수도 방식과 유사하나 양수도 대가를 현금이 아닌 신설 법인의 주식을 받는다는 차이가 있다. 현물출자로 법인전환하려면 법원의 인가가 필요하다. 실무상으로 부동산의 감정평가, 공인회계사의 회계감사가 필요하다. 포괄사업양수도에 비해 절차나 시간이 더 소요된다.

세감면 포괄사업양수도와 마찬가지로 일정요건을 충족하면 양도소득세 이월과세와 취득세 감면을 받을 수 있다. 개인사업자의 자산과 부채를 법인에 출자하기 때문에 개인자금을 자본금으로 넣을 필요가 없다. 부동산이 보유하여 순자산금액이 커서 개인자금을 법인에 넣을 수 없을 경우 활용하는 방식이다.

예를 들어 개인사업자의 순자산이 10억 원이라면 10억 원을 법인에 현물출자하여 그 대가로 법인의 주식을 받은 것이다. 법인에 출자하는 개인자금이 필요하지 않아 순자산금액이 큰 개인사업자가 법인전환하는 방식으로 유용하다.

3장

성숙기! 지키는 세무회계 전략이 필요하다

1

기업건강진단!
재무비율을 통해 알아보자

재무제표는 이해하는 것도 중요하지만, 재무제표를 이용해서 경영에 필요한 정보를 추출해내는 것이 더 중요하다. 바로 재무비율을 활용해서 경영의 방향성을 정하는 것이다.

인천에서 오랫동안 제조업을 운영하는 최 사장님은, 지금 잘하고 있는 건지 부족한 부분은 없는지 궁금해졌다. 이를 알면 사업에 조금 더 도움이 될 수 있겠다는 생각이 문득 들었기 때문이다.
"재무제표를 보면 회사 재무상태가 괜찮은 것 같은데, 다른 회사와 비교해서 우리가 잘하고 있는 건지, 보완해야 할 점이 무엇인지 궁금하다."

구미에서 제조업을 하는 박 사장님은 장부상 이익은 나는데 수중에 돈이 없다. 이유를 명확하게 알지는 못하고 짐작만 할 뿐이다.

"창업 이후 계속 성장하고 있는데 최근 현금이 돌지 않는다는 생각이 든다. 그런데 정확한 추이를 잘 모르겠다. 그리고 경쟁회사와도 비교해보고 싶은데 직접 물어볼 수도 없고, 좋은 방법이 없겠는가?"

재무제표를 보고 "물건을 팔아서 현금이 들어오는 데 3개월 정도 걸리네요."라고 말하면 그걸 어떻게 알았냐고 신기해 하는 사장님들이 있다. 재무제표를 가지고 재무비율을 분석하면 다양한 정보를 알 수 있다.

재무비율이란 재무제표에 있는 정보들을 활용해서 중요한 정보만을 간결한 수치로 표현한 것이다. 재무비율을 보면 기업의 수익성, 안정성, 성장성, 활동성을 알 수 있다. 이를 숫자 그 자체에서 의미를 찾는 것보다 과거 대비, 산업평균 대비, 계획 대비해서 비교하는 것이 더 의미가 있다. 특정 재무비율이 과거 대비 악화되었다면 원인을 찾고 개선할 방법을 찾아야 할 것이고, 산업평균 대비해서 좋지 않다면 구조적인 문제가 있을 수 있으니 이를 개선해야 한다. 그리고 경영 계획을 세울 때 특정 재무비율의 유지 목표를 숫자로 세운다면 보다 구체적이고 실질적인 계획이 세워질 수 있다.

회사가 커져도 돈을 벌지 못하면 수익성 지표에 빨간불이 들어온다

수익성 지표는 매출이나 자산(자본) 대비 수익을 잘 내고 있느냐를 보여주는 지표다. 수익성 지표로는 영업이익율, 순이익율, 총자산이익율, 자기자본이익율 등이 있다.

대표적인 수익성 지표인 영업이익율은 매출액 대비 영업이익의 비율이다. 손익계산서에 매출 500억 원에 영업이익이 50억 원이라면 영업이익율은 10%가 되는 것이다. 이러한 영업이익율은 과거 추이가 중요하다. 최근 3~5개년의 추이를 살펴보면 우리 회사의 수익성이 개선되고 있는지, 혹은 악화되고 있는지 알 수 있다. 예를 들어, 전년 대비 매출액은 늘었는데 영업이익율은 10%에서 5%로 떨어졌다면 사업 규모는 커졌지만 수익성이 떨어졌다는 이야기다. 그에 대한 원인을 찾아야 한다. 마진이 많지 않은 아이템이나 악성 거래처에 대한 매출이 늘어났을 수도 있다. 그렇게 원인을 찾았으면 경영 계획에 반영하여 이를 개선해야 한다.

또한 경쟁사나 우리 회사가 속해 있는 산업평균 대비 영업이익율을 참고해 볼 수 있다. 경쟁사의 영업이익율은 15%인데 우리 회사의 영업이익율이 10%라면 경쟁사 대비 수익성이 좋지 않다는 의미이다. 이에 대해서는 다양한 원인이 있을 수 있는데, 비용구조를 살펴 원인을 찾고 개선책을 세워야 한다.

돈을 못 갚을 위험이 있다면 안정성 지표에 빨간불이 들어온다

안정성 지표는 재무구조의 건전성을 알아보는 지표이다. 기업이 차입금을 잘 갚을 수 있는지 본다고 생각하면 된다. 안정성 지표로는 유동비율, 부채비율, 자기자본비율, 이자보상비율 등이 있다.

대표적인 안정성 지표인 부채비율은 자본대비 부채의 비율이다. 예를 들어 재무상태표상 부채가 150억 원이고 자본이 100억 원이라면 부채비율은 150%가 되는 것이다. 150%의 부채비율이 높은지 낮은지 감이 오지 않을 수 있다. 이는 회사의 성장주기나 속해 있는 산업의 특징에 따라 판단할 수 있다. 성장기에 있는 회사라면 부채비율이 더 높아도 될 것이고, 성숙기에 있는 회사라면 줄일 필요가 있다. 또한 회사가 속해 있는 평균 부채비율을 참고할 수도 있다. (개인적으로는 100% 기준으로 건전성을 판단하는 편이다.)

기업의 성장이 멈추면 성장성 지표에 빨간불이 들어온다

성장성 지표는 기업의 성장을 측정하는 재무비율이다. 매출, 자산, 영업이익, 순이익 등이 얼마나 증가했는지 알 수 있다. 성장성 지표로는 매출액증가율, 영업이익증가율, 순이익증가율, 총자산증가율 등이 있다. 이러한 증가율은 전년대비 증가율로 측정할 수도 있고, 과거 일정기간 연평균 증가율로도 측정할 수 있다.

계산은 간단하다. 예를 들어 전년도 매출액이 100억 원이였는데 올해 매출이 150억 원이라면 매출액증가율이 50%인 것이다. 그리고 2년 동안 100억 원에서 150억 원으로 늘었다면 연평균성장율은 22.5%다.

재고자산 회전율로 제품이 얼마나 잘 팔리는지 알 수 있다

제품을 만들어 파는 데까지의 기간을 알기 위해서는 재고자산 회전율을 보면 된다. 매출(혹은 매출원가)을 재고자산으로 나누어 주면 된다. 예를 들어 매출이 300억 원이고 평균재고자산이 50억 원이라면 재고자산의 회전율은 6회다. 1년에 재고자산이 매출로 6회 변했다는 이야기이고 365일을 6회로 나누면 나오는 약 60일 정도를 재고자산이 팔리는 데까지 걸리는 시간이라고 보면 된다. 회전율보다는 재고자산 회수기간이 이해하기 더 편하다.

그럼 60일이라는 것이 좋은 것인가? 단순히 이 숫자만으로 판단하기 어렵다. 왜냐하면 회사가 속한 산업 혹은 회사마다 상황이 다르기 때문이다. 이 숫자에 대한 판단을 하기 위해서는 과거 회전율과 비교해보고 경쟁사나 산업평균과 비교해보면 된다.

예를 들어 과거 3년 평균 회수기간은 45일이였는데, 올해 60일이라면 재고가 쌓이고 있다는 이야기다. 또한 경쟁사의 회수기간이 30일이라면 경쟁사 대비 부실재고가 많다거나 잘 팔리지 않는다는 의미로 해석할 수 있다.

매출채권 회전율이 낮으면 돈이 돌지 않는다는 신호다

제품을 팔아서 현금을 회수하는 기간을 알려면 매출채권 회전율을 알면 된다. 매출을 매출채권으로 나누면 매출채권 회전율이 나온다. 매출채권 회전율이 높은 기업은 현금회수능력이 뛰어나다고 봐야 한다.

예를 들어 매출 300억 원인 회사가 평균매출채권을 40억 원을 가지고 있다면 매출채권회전율은 300을 40으로 나눈 7.5회가 된다. 매출채권이 1년에 매출로 7.5회 회전했다는 의미다. 365일을 7.5회로 나누면 49일정도 나오는데 물건을 판 다음 49일 후에 현금으로 회수된다는 의미다. 그럼 이 숫자가 좋은 것이지 판단해야 하는데 앞서 설명했듯이 이는 과거 대비, 경쟁사 대비, 산업평균 대비해서 우리 회사의 현금회수기간이 적정한지 판단해야 한다.

2

외부회계감사 대상인지 매년 체크하자

회사가 일정 규모 이상으로 성장하면 재무제표가 회계기준에 맞게 작성되었는지 회계사가 확인하는 외부회계감사를 받아야 한다.

인천에서 전선케이블을 만드는 채 사장님은 올해 매출이 100억 원을 넘을 거라 예상하고 있다. 창업 10년 만에 이룬 성과라 기분이 좋지만, 주위에서 내년부터 외부회계감사를 받아야 한다고 해서 불안하기도 하다.

"주변에서 이제 외부감사를 받아야 한다고 하는데 바쁘다 보니 외부감사 대상인 줄 모르고 지나갈 수 있겠구나라는 생각이 든다. 외부감사는 언제 받는 건가? 대상인데 모르고 지나가면 어떤 불이익이 있는가?"

외부회계감사제도는 회사의 재무제표가 제대로 작성되었는지 공인회계사가 검증하는 제도인데, 비상장 중소기업은 가족주주가 대부분이라 이런 제도가 필요한지 의문을 가지는 사장님들도 있다. 하지만 법적(주식회사 등의 외부감사에 관한 법률)으로 강제되어 있으니 일정 규모 이상인 회사는 외부감사를 받아야 한다. 보통 외부감사인은 회사가 자유롭게 선임해서 계약하면 되는데, 선임하지 않으면 금감원에서 직접 정해준다. 그리고 이를 어길 시 3년 이하 징역이나 3천만 원 이하의 벌금에 처해질 수 있다.

외부회계감사 대상인지 매년 체크하자

상장사는 물론이고, 비상장사 중에서도 직전연도 말 기준 자산 500억 원 이상 혹은 매출 500억 원 이상은 외부감사를 받아야 한다. 다음 중 두 개 이상 해당된다면 마찬가지로 외부회계감사대상이다.

- **자산 120억 원 이상**
- **부채 70억 원 이상**
- **매출 100억 원 이상**
- **종업원 100명 이상**

예를 들어 종업원 30명인 회사가 올해 결산을 했더니 자산 130억 원, 부채 60억 원, 매출 120억 원이 되었다. 이 경우 위의 두 개 조건을 충족하니 내년도 재무제표는 외부감사를 받아야 한다. 외부감사 대상이 되면 다음 해 4월 말까지 외부감사인 선임계약을 해야 하고, 해당연도 재무제표에 대해서 감사를 받게 된다.

감사의견에 따라 기업신용도가 추락한다

재무제표가 회계기준에 맞게 작성되었는지 확인하기 위해 공인회계사가 감사를 한 뒤 그 결과를 감사보고서상 감사의견으로 표시한다. 감사의견은 회계기준을 준수했는지 여부에 대한 의견이지, 회사 재무건전성에 대한 의견은 아니다. 재무가 엉망이여도 회계기준에 맞게 재무제표가 작성되었으면 적정의견을 받을 수 있다. 감사의견으로는 적정의견, 한정의견, 부적정의견, 의견거절이 있다.

- **적정의견: 재무제표가 회계기준에 따라 기업의 자산, 부채, 매출, 이익을 잘 반영한다.**
- **한정의견: 재무제표가 중요하지 않은 일부분을 제외하고 전반적으로 잘 반영한다.**
- **부적정의견: 재무제표가 중요한 부분을 반영하지 못한다.**
- **의견거절: 중요한 감사 증거를 입수할 수 없어 감사의견을 주지 못한다.**

적정의견 외에 다른 의견을 받으면 금융기관에서 평가하는 기업신용도가 떨어져 대출상환이나 이자율상승 등의 불이익이 있을 수 있으니 주의해야 한다. 또한 상장유지가 힘들 수도 있으니 어느 정도는 알고 있을 필요가 있다.

3

재무구조 개선을 위한 몇 가지 방법

사업을 하다보면 일시적으로 어려움을 겪을 때가 있다. 그럼 재무구조가 악화될 수밖에 없다. 재무구조 악화를 보여주는 대표적인 지표가 부채비율의 상승이다. 대출이 많은 회사라면 원금상환 압박, 이자율 상승, 대출만기연장거부 등 다양한 불이익을 당할 수 있다.

김천에서 자동차부품을 제조하는 박 사장님은 몇 년 전부터 실적이 안 좋아져 걱정이다.

"경기침체로 최근 실적이 안 좋았다. 몇 년 전 설비투자한다고 은행에서 대출을 받은 게 있는데 상환하라고 할까봐 걱정이다. 며칠 전 은행 담당자에게 신용등급이 좋지 않아 이자율이 오를 수 있다는 이야기를 들었다. 자산재평가를 하면 재무구조를 개선할 수 있다고 하는데 맞는 말인

지 궁금하다."

재무구조를 개선하기 위해 두 가지를 하면 되는데, 당연한 말이지만 부채를 낮추거나 자본을 늘리면 된다. 근본적인 해결방법은 실적이 좋아져서 재무구조가 자연스레 개선되는 것이다. 하지만 임시방편으로 재무구조를 개선할 수 있는 방법으로는 자산재평가, 출자전환, 증자 등이 있다.

신용등급이 좋지 않을 때는 자산재평가를 하라

은행에서 대출을 해줄 때 가장 먼저 하는 일이 신용등급 산출이다. 신용등급은 대출한도, 금리, 전결권 등에 영향을 준다. 신용등급은 매년 평가한다. 다양한 요소가 신용등급에 영향을 미치지만 재무적 요소가 중요하다. 재무적 요소 중에 부채비율을 낮추기 위해 자산재평가를 제안하기도 한다. 자산재평가는 주로 부동산의 재평가를 의미한다.

예를 들어 10년 전 100억 원에 산 토지가 현재 200억 원 정도 한다면, 자산재평가로 장부가액이 100억 원에서 200억 원으로 늘어나게 되는 것이다. 자산재평가 가액은 감정평가를 받은 금액으로 한다. 만약 외부회계감사를 받는 회사가 자산재평가를 하게 되면 주기적으로 재평가를 해야 한다. 감정평가 수수료가 부담될 수 있다.

자산재평가하면 세금은 얼마나 낼까?

부동산을 재평가하면 재무상태표상 자산과 자본이 평가차액만큼 동시에 증가하게 된다. 자본이 증가하니 부채비율(부채/자본)이 낮아지면서 재무구조가 개선되는 효과 있는 것이다.

예를 들어 자산 200억 원, 부채 150억 원, 자본 50억 원인 회사는 부채비율이 300%다. 회사가 보유하고 있는 장부가액 100억 원의 토지를 200억 원으로 재평가하면 100억 원의 평가차액이 생긴다. 이렇게 재평가하면 자산이 100억 원 늘어나고 동시에 자본이 100억 원 늘어나게 된다. 그럼 자산 300억 원, 부채 150억 원, 자본 150억 원인 회사가 되고, 부채비율은 300%에서 100%로 개선된다. 생각보다 간단한 원리다.

자산재평가로 인한 세금은 어떻게 되는지 궁금할 수 있다. 자산재평가는 재무상태표상 부동산가액이 감정평가액으로 평가되는 것이기 때문에 추가로 내는 세금은 없다. 자산가액이 늘어났다고 해서 취득세, 재산세, 법인세 등에 미치는 영향은 없다.

과거 자산재평가법이라고 해서 자산을 재평가하면 재평가세를 내도록하는 법이 있었지만, 2000년에 폐지되어 지금은 별도 과세가 없다. 자산재평가를 할지 여부는 자산재평가로 통한 대출조건 개선과 감정평가 수수료를 비교해서 판단하면 된다.

출자전환을 통한 재무구조 개선

재무구조 개선을 위해서는 자산재평가를 해서 자산을 늘리는 방법도 있지만, 출자전환(부채를 자본으로 변경)을 통해 부채를 줄이는 방법도 있다.

회사가 자금사정이 어려워지면 사장님 개인자금을 회사에 빌려주기도 한다. 회사입장에서는 대표이사 차입금인 것이다. 그럼 부채비율이 증가한다. 이런 회사의 재무구조를 개선하기 위해서는 대표이사 차입금을 자본으로 전환하는 것도 좋은 방법이 될 수 있다.

예를 들어 자산 100억 원, 부채 90억 원, 자본 10억 원인 회사에 대표이사 차입금이 30억 원 있다고 가정하자. 30억 원을 자본으로 전환하면 회사는 대표이사에게 돈 대신 회사 주식 30억 원 어치를 주게 된다. 그럼 자산 100억 원, 부채 60억 원, 자본 40억 원인 회사가 되는 것이다. 부채비율이 900%에서 150%로 개선된다. 출자전환은 대표이사 입장에서 쉽지 않은 결정이 될 수 있다. 회사에 빌려준 돈을 주식으로 받았으니 회사가 잘 되어야지 원금을 회수할 수 있는 것이다.

4

회사를 매각하면 세금을 얼마나 낼까?

가업승계가 어려운 회사들은 매각을 생각하기도 한다. 중소기업은 대부분 가족기업이라 자녀가 아니면 회사를 운영할 만한 후계자가 딱히 없다. 자녀들이 가업을 물려받지 않겠다고 하면 기업을 매각할 수밖에 없는 거다.

창원에서 중소기업을 운영하는 송 사장님은 최근 건강이 좋지 않아 회사를 팔려고 생각 중이다.
"아들은 의사고 딸은 해외에 정착해서 거주 중이다. 가업을 물려줄 다른 자녀가 없고, 회사 내부에도 마땅한 후계자가 없다. 그래서 회사를 팔고 싶은데 뭐부터 시작해야 하는지, 얼마에 팔아야 하는지 모르겠다."

많은 사장님들의 공통된 고민이다. 중소기업의 M&A는 쉽지 않다. 첫 번째 이유는 거래금액이 작기 때문에 시장이 활성화되어 있지 않다. 두 번째 이유는 사장님이 생각하는 매각 가격과 시장에서 생각하는 기업가치의 괴리가 크다.

기업매각은 창업자 입장에서 첫 번째 시도이자 마지막 시도이기 때문에 매각을 하고 싶어도 어떤 절차로 진행되는지, 무엇을 주의해야 하는지 몰라 어려워하는 경우가 많다. 회사를 팔려는 사장님이 가장 궁금해 하는 것이 매각가액이다. 매각가액에는 정답이 없다. 사실 파는 사람 마음이다. 사는 사람과 파는 사람 모두 나름대로 기업가치를 평가해 볼 것이다. 하지만 평가 방법이 법에 정해져 있는 것도 아니고 상장사처럼 시세가 있는 것도 아니니 생각의 차이가 많이 날 수 있는 부분이다.

실무적으로 중소기업의 M&A에서 활용할 만한 기업가치 평가 방법 몇 가지를 소개하면 다음과 같다.

첫째, 기업의 본질가치를 평가하는 것이다. 실무적으로 가장 많이 쓰고 있는 방식이 현금흐름할인법(DCF법)이다. 기업이 미래에 벌어들이는 현금흐름을 추정, 일정한 이자율로 할인해서 기업가치를 평가하는 방법이다. 이론적으로는 완벽한 방법이지만 현금흐름 추정, 할인율 산정 등 가정이나 주관이 개입될 수 있어 평가자마다 생각하는 기업가치가 상이할 수 있다.

둘째, 다른 기업과 비교하여 기업가치를 평가하는 상대가치 평가법이다. 평가회사와 유사한 상장사나 최근에 매각된 비슷한 기업이 있으면 그 회사와 비교해서 우리 회사의 가치를 평가하는 것이다. 비교기업의 PER(주당 순이익), PBR(주당 순자산)을 평가대상 기업의 주당 순이익이나 순자산에 적용하거나, 비교기업의 EV/EBITDA(현금흐름 대비 기업가치 배수)비율을 평가대상기업의 EBITDA에 적용하여 기업가치를 산정하는 것이다.

기업가치 평가 방법은 정해져 있는 것이 아니니 여러 가지 평가 방법을 써서 그 평균을 산출해보는 것도 좋은 방법이다.

일단 매각가액을 정했으면 기업매각을 위한 절차를 알아봐야 한다. 중소기업의 M&A는 중견기업, 대기업과는 조금은 다른 형태로 이루어진다. 비밀유지가 중요하기 때문에 보다 더 긴밀하게 진행되고, 사장님 개인적인 친분으로 매각이 이루어지기도 한다. 정해진 절차는 없으나, 보통 아래와 같은 프로세스로 진행된다.

회사매각 절차

- **매각전략 수립: 회사를 어떻게 매각할지 전략을 세우고 기업가치를 산정해 본다.**
- **회사 소개자료 작성 및 마케팅: 매각을 위한 회사 홍보자료를 작성하고 살만한 사람들을 접촉해서 회사 소개를 한다.**
- **양해각서 작성과 실사: 매수자가 어느 정도 매수의사 있으면 양해각서를 작성하고 매수자가 영업, 재무, 법무 실사를 진행한다.**
- **가격 협상 및 계약 체결: 실사 결과를 바탕으로 매매 가격에**

대해 최종 협상하고 계약을 체결한다.

중소기업의 M&A는 중견기업, 대기업에 비해 더 많은 시간과 노력이 필요할 때가 있다. 가장 큰 이유는 매수자와 매도자의 가격 차이와 M&A를 진행할 인력이나 지식이 부족하기 때문이다.

기업매각을 결정하기 전에 사장님들이 가장 많이 하는 질문은 "회사를 팔고나면 내 손에 쥐어지는 현금이 얼마냐."이다. 즉 매각 가액에서 세금을 빼면 얼마나 남는가이다. 그것을 알려면 기업매각에 따른 세금 문제를 알아야 한다.

회사를 팔면 주식매각에 따른 양도소득세를 내야 한다

반월공단에서 제조업을 하는 정 사장님은 회사 매각을 고려 중이다. "자녀가 미국에서 공부를 끝내고 그쪽에서 자리를 잡고 정착했다. 사업을 물려받을 생각이 있냐고 물으니 본인은 하고 싶은 일이 있고, 가족과 직장이 전부 미국에 있어 한국에 들어와 사업을 할 여건이 안 된다고 한다. 최근 건강문제도 있고 해서 사업을 정리하고 싶다. 회사를 매각하고 은퇴할까 하는데 지분을 팔면 세금이 얼마나 나올지 궁금하다."

회사를 매각한다는 말은 회사지분을 판다는 것과 같다. 지분매각에 따른 양도소득세를 내면 된다. 주식을 팔 때 세금은 상장주식, 비상장주식, 대주주지분, 소액주주지분, 중소기업, 대기업 등 파는 것이 무엇이냐에 따라 다르다. 본서에서는 비상장 중소기업의 대주주가 지분을 팔았을 때의 세금만 알아보도록 하겠다.

지분을 매각하면 양도차익에 대해 양도소득세를 내야한다. 양도차익은 양도가액에서 취득가액을 뺀 금액으로 계산한다. 사장님 지분은 최초 설립 시 불입한 자본금일 가능성이 높으니 취득가액은 자본금이라고 생각하면 된다. 이렇게 계산된 양도차익에 세율을 적용하게 되는데 양도차익 3억 원까지는 20%, 3억 원 초과분은 25%이다. 양도차익이 적어도 3억 원은 초과할 테니 25% 세율이 적용된다고 생각하면 된다.

예를 들어 설립 시 1억 원의 자본금으로 사업을 시작한 사장님이 101억 원에 기업을 매각했으면 101억 원에서 1억 원을 차감한 100억 원에 대해 양도소득세를 낸다. 3억 원 이하는 20%, 3억 원 초과는 25% 세율을 적용하면 양도소득세가 대략 24.9억 원 정도 나온다.

회사가 보유한 부동산비율에 따라 세금이 달라진다

일반적인 회사는 주식매각에 따른 양도소득세가 최고 25% 세율이지만, 부동산이 많은 회사(부동산과다법인)의 경우에는 다른 세율이 적용된다. 부동산과다법인의 지분을 매각할 때에는 6~45%의 세율이 적용된다. 여기서 부동산과다법인이란 총자산에서 부동산이 차지하는 비율이 50% 이상인 경우를 말한다.

개인 보유 부동산을 매각할 때 6~45% 세율을 적용해서 양도소득세를 낸다. 개인과의 형평성을 위해 부동산과다법인의 지분을 팔 때도 개인과 동일하게 6~45%를 적용하는 것이다.

양도차익이 100억 원인 부동산과다법인의 지분은 일반법인과 다르게 6~45% 세율이 적용되기 때문에 44억 원의 양도소득세를 내야한다. 일반법인에 비해 약 19억 원의 세금을 더 내야 하는 것이다.

일반법인과 부동산과다법인의 주식양도소득세 비교

- **주식양도차익: 100억 원**
- **일반법인의 양도소득세: 약 24.9억 원**
- **부동산과다법인의 양도소득세: 약 44억 원**

⇒ 세금차이: 약 19억 원

비상장 중소기업의 지분매각에 대해서는 양도소득세 25%를 낸다고 알고 지분을 매각했다가, 부동산과다법인이라 양도소득세를 더 내는 경우가 있으니 조심해야 한다. 가업승계를 하지 않고 회사지분을 매각할 때는 본인 회사가 부동산과다법인인지 아닌지 알아보고 결정해야 한다.

5

다른 사람 명의로 된 주식, 빨리 찾아오자

주식명의신탁은 주식의 실제소유자와 주주명부에 등재된 소유주가 다른 것을 의미한다. 많은 중소기업들이 이러한 주식명의신탁 문제로 고민하고 있다.

울산에서 금형제조업을 영위하는 채 사장님은 회사가 커지면서 과거 명의신탁한 주식을 어떻게 정리할지 고민하고 있다.

"회사를 만들 때 주주를 3명 이상으로 해야 했다. 그래서 어쩔 수 없이 내 돈으로 자본금을 넣고 친구 명의를 빌려서 주주로 등재시켰다. 법인 설립한 지 20년이 지났는데 지금까지도 친구가 주주로 되어 있다. 그런데 최근 친구가 지병으로 병원에 있게 되어, 친구 지분이 친구 아들에게 상속될까봐 걱정이다."

과거에는 주식회사를 설립할 때 주주 구성에 제한이 있었다(2001년 이전 3명 이상, 1995년 이전 7명 이상). 주식회사는 소유가 분산되어 있어야 한다는 취지에서 최소 주주 구성을 3명 혹은 7명 이상으로 해야 했다(지금은 1인 주주도 가능하다). 업력이 오래된 회사 중에는 주주분산 요건 때문에 실제 주주가 아니고 명의만 주주인 경우가 많다. 보통 친인척, 친구, 직원이 대부분이다. 그런데 명의를 실제 주주로 돌려놓지 않고 계속 방치하다가 10년, 20년이 지나서 본인이 실제 소유자라고 주장하거나, 사망해서 지분이 상속되는 경우가 문제다.

명의신탁지분은 이래저래 골치가 아프다. 그럼 명의신탁지분을 정리해야 하는데 이것도 쉽지 않다. 명의신탁지분인지를 입증하거나 입증을 못하면 세금이 내고 찾아와야 한다. 하지만 방법이 없는 것은 아니다.

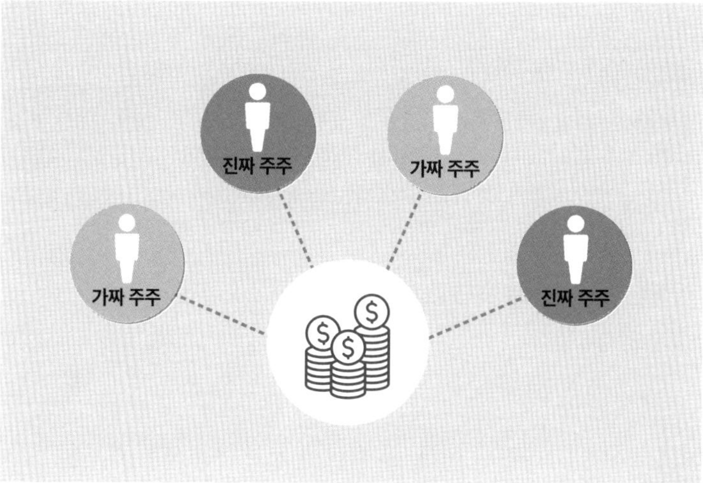

국세청이 마련한 환원제도 활용

다른 사람 명의로 된 주식을 실제 소유자에게 되돌리기 위해서 실제 본인 명의인지를 입증하는 데 어려움이 있었다. 국세청에서는 일정한 조건을 갖추면 간소화된 절차에 따라 실제 소유자를 확인해주는 제도(명의신탁 실제소유자 확인제도)를 마련했다.

요건은 2001년 7월 23일 이전에 설립한 중소기업이어야 하며, 실제 주주와 명의상 주주 모두가 법인설립 때부터 주주여야 한다. 이 조건을 갖추면 일단 기본적인 요건은 된다. 하지만 무조건 되는 것은 아니고 명의신탁지분인지를 입증할 수 있는 여러 가지 직·간접 자료를 제출해야 한다. 예를 들어 명의신탁이 된 경위서, 주식대금을 납입한 금융자료, 식탁약정서, 확정판결문 등이다. 이러한 자료를 근거로 실제소유자를 확인하면 환원이 결정되지만 전환될 주식가치가 20억 원 이상이거나 제출 자료로 실제소유자를 확인하기 어려울 경우에는 추가적인 절차(실명전환자문위원회의 자문, 우편질문, 현장 확인 등)를 통해 결정된다. 제도의 취지는 좋지만 이 제도를 활용하여 환원하기가 쉽지 않아 보인다. 왜냐하면 대부분의 중소기업은 명의신탁을 입증할 자료가 없기 때문이다.

소송을 통한 환원

명의만 가진 주주가 본인 지분이라고 우기는 경우에는 소송을 통해 찾아오는 방법이 있다. 즉 본인이 실제 주주이고 지분을 본인 명의로 돌려달라고 소송을 하는 것이다. 하지만 명의를 빌려준 사람들이 보통 친인척 또는 지인이기 때문에 무늬만 소송인 경우가 있다. 따라서 국세청에서는 이러한 소송 결과에 근거한 명의신탁 환원을 인정하지 않을 수 있으니 조심해야 한다.

양도나 증여를 통한 환원

워낙 오래된 일이라 명의신탁지분임을 증명할 수 있는 자료가 없는 경우가 많다. 증명할 수 없는 경우에는 국세청에서 마련한 제도나 소송을 통해 찾아오기가 어려워, 결국 세금을 내고 찾아오는 방법밖에 없다. 대표적인 방법이 돈을 주고 사오거나 공짜로 받는 것이다.

두 방법 모두 세금이 나온다. 주식을 사오면 파는 사람에게는 주식양도에 따른 양도소득세가 나오는데, 일반적으로 20~25%이다. 아니면 공짜로 받는 것인데, 이는 받는 사람에게 증여세가 나온다. 세율은 10~50%이다. 세율만 보면 양도세가 작게 나올 것 같지만, 양도는 개인이 양도대금을 마련해야 하고 양도대금이 넘어가야 한다. 평가액보다 저가로 주식을 사오는 방법도 있다. 하지만 양도소득세 추가납부와 저가양수도에 따른 증여세 이슈가 있으니 주의해야 한다.

명의신탁된 주식은 가업승계할 때도 문제가 생길 수 있으니, 되도록이면 빨리 정리해야 한다. 놔두면 기업가치가 커지면 커질수록 더 정리하기 힘들어진다.

6

동업자와 헤어지려고 해도 세금이 문제다

회사의 주주는 다양한 이유로 지분을 정리하고 나가야 하는 경우가 있다. 대표적으로 동업자가 본인 지분을 정리하고 나가려 한다거나, 소수지분을 가지고 있는 친인척이 지분을 팔고 싶어하는 게 그런 경우다. 비상장 중소기업은 주주가 본인 지분을 팔려고 해도 쉽지 않다. 결국 대주주가 지분을 사줘야 하는데 금액이 크면 개인자금으로 매수하기가 어렵다. 그럼 비상장 중소기업의 주주가 지분을 정리하고 그 대가를 받아가는 다른 방법은 없을까? 물론 있다. 바로 본인 주식을 회사에 파는 방법이다.

창원에서 화학업을 하는 최 사장님은 친구와 동업해서 회사를 창업했다. 최근 친구가 본인 지분을 사가라고 하는데 돈이 없어 고민이다.

"같이 창업했던 친구가 건강이 안 좋아져 사업에서 손을 떼려고 한다.

본인 지분을 팔고 현금을 가지고 가고 싶어 하는데, 제3자에게 팔기가 쉽지 않고 팔려도 회사 경영권이 흔들릴까봐 걱정이다. 20년 전보다 회사가 커져서 친구 지분가치를 평가하면 금액이 꽤 된다. 내가 인수하면 제일 좋은데 내가 가진 돈이 없어 고민이다. 회사 경영권도 지키면서 친구에게 지분대가를 줄 수 있는 방법이 없겠는가?"

회사에 지분을 파는 방법

주주지분을 회사에 파는 방법이 있다. 회사가 주주지분을 사게 되면 자기주식이 되는데, 회사자금으로 지분 정리가 가능하다는 장점이 있다. 예전에는 자기주식을 사는 경우가 예외적으로만 인정되었는데 2012년 상법이 개정되면서 자기주식을 살 수 있는 범위가 늘어났다.

비상장 중소기업이 자기주식을 취득하려면 배당 가능한 이익이 있어야 한다. 또한 모든 주주에게 주식을 팔 수 있는 기회를 동일하게 줘야한다. 그러면 회사자금으로 주주의 주식을 살 수 있는 것이다. 그럼 얼마를 주고 사야하는가? 그건 상속증여세법에 정해져 있다. 상장주식은 시가가 있지만 비상장주식은 계산해야 한다. 만약 계산된 금액과 차이나는 금액으로 사게 되면 세무상 문제가 생길 수 있으니 조심해야 한다.

세금은 얼마나 내나

그럼 주주가 회사에 지분을 팔면 세금을 얼마나 내야 할까? 그건 회사가 취득한 목적이 무엇이냐에 따라 다르다. 주식을 산 뒤 되팔 수도 없앨 수도 있다. 만약 나중에 되팔 목적으로 주식을 샀으면 주주는 양도차익에 대해 20~25%의 세금을 내야 한다. 하지만 소각목적이라면 주주지분의 환원, 즉 배당으로 보고 배당소득세 6~45%를 내야 한다. 양도차익이 얼마냐에 따라 양도소득세가 클 수도 있고, 배당소득세가 클 수도 있다. 보통은 양도소득세율이 낮기 때문에 매매목적으로 취득하는 경우가 많은데, 이때 조심해야 한다. 나중에 세무조사에서 매매목적으로 취득했는지 따질 수 있기 때문이다.

주주는 본인 지분을 팔고 나가려는 여러 가지 이유가 있을 것이다. 다양한 방법이 있으니 세금을 고려해서 선택하면 된다.

7

합병과 분할을 통해 지배구조를 개선하자

중소기업 사장님들은 사업을 하면서 필요에 따라 두 개 회사를 하나로 합치길 원하는 경우도 있고, 하나의 회사를 두 개 회사로 분리하길 원하는 경우도 있다. 합병과 분할에 있어서는 그 구조와 간략한 세금 문제 정도는 알고 있어야 후회 없는 결정을 할 수 있다.

합병해서 경영 효율화를 하자

합병이란 두 개의 회사가 하나의 회사로 합쳐지는 것을 의미한다. 중소기업을 운영하는 사장님들 중에 두 개 이상의 회사를 운영하는 분들이 많다. 신규 사업을 위해 새로운 회사를 만든 경우도 있고, 판매만 전담하는 판매 법인을 설립한 경우도 있다.

서울에서 화장품제조업을 하는 심 사장님은 제조 법인과 판매 법인을 합병할지 고민하고 있다

"몇 년 전 판매를 위한 별도 회사를 만들었는데 운영하다 보니 인력과 기능 일부가 중복된다. 두 개 회사를 모두 관리하기 쉽지 않다. 둘 다 내가 대주주인 회사들이라 나만 결정하면 되는데, 합병하는 게 맞는지 세금이 많이 나오는 건 아닌지 궁금하다."

회사를 여러 개 운영하다 보면 운영의 비효율성이 발생한다. 사장님 입장에서는 두 개 회사를 합쳐서 운영하는 것이 비용도 절감되고, 좀 더 효율적인 회사 운영이 가능하다고 생각할 수 있다.

합병을 생각한다면 세 가지 의사결정을 해야 한다.

첫째, 합병을 할지 말지를 결정을 해야 한다. 합병의 목적이 명확해야 한다. 둘째, 어느 회사가 합병법인(존속)이 되고 어느 회사가 피합병법인(소멸)이 될지 결정해야 한다. 합병법인은 합병 후 존속하는 법인이고 피합병법인은 없어지는 회사다. 합병법인과 피합병법인의 결정은 두 개 회사의 규모, 대외신용도, 거래처와의 관계 등을 고려해야 한다. 마지막으로 세금을 생각해야 한다. 합병을 하면 세금이 나오기 때문에 절세할 수 있는 방법과 구조를 찾아야 한다.

합병 여부를 결정하는 기준은 여러 가지다. 가장 중요한 것은 두 개 법인으로 운영했던 목적이 무엇인가에 따라 다르다. 그 목적이 희미해졌다면 합병을 적극 고려해야 한다. 신규 사업을 기존 법인으로 하기에는 불확실성이 많아, 신규 법인으로 진행한 뒤 어느 정도 안정화되었다면 합병을 고려해 볼 만하다. 반대로 신규 법인이 자금부족으로 기존 법인과 자금거래가 빈번해지고 내부거래가 많아진다면 합병을 고려해야 한다.

가끔 세금 때문에 두 개의 법인으로 운영했는데 절세 효과가 크지 않고 세무리스크만 커지는 경우에 합병하는 경우도 있고, 상장을 위해 합병하는 경우도 있다. 합병을 결정했다면 합병 후 존속하는 회사(합병법인)와 소멸하는 회사(피합병법인)를 정해야 한다. 보통은 규모가 더 큰 회사를 합병법인으로 하는 경우가 많은데 두 가지 기준을 살펴보면 된다.

첫 번째, 거래처와의 관계이다. 대기업에 납품하기 위해 업체 등록이 되어 있다거나, 오랫동안 쌓아온 회사명성이 있다면 그 회사가 합병법인이 되어 존속해야 한다.

두 번째, 세금 문제다. 합병을 하게 되면 소멸하는 피합병법인의 쌓여있던 이익이 실현되기 때문에 세금이 발생한다. 그래서 자산규모가 큰 회사보다는 작은 회사가 피합병법인이 되는 것이 일반적이다.

합병주체가 결정되면 두 개 회사의 기업가치를 평가해서 소멸하는 회사의 주주(피합병법인의 주주)에게 주는 현금이나 주식가액을 산정하기 위해 합병비율을 정해야 한다. 합병비율이 정해지면 합병으로 인해 내야 하는 세금이 계산된다.

세금은 소멸하는 회사가 내는 법인세가 있다. 소멸하는 회사자산을 존속하는 회사에 매각한다고 봐서 매각차익(합병대가와 소멸회사의 순자산가액의 차이)에 대해 세금을 내게 된다. 이러한 차액의 중요한 부분이 소멸하는 회사의 부동산평가차액이다. 보통 부동산평가차익이 작다면 매각차익이 크지 않다.

또 다른 세금은 소멸하는 회사의 주주가 내는 배당소득세다. 소멸회사 주주는 기존 주식을 반납하고 존속회사 주식이나 현금을 받게 되는데 그 차액에 대해서 배당소득세를 내게 되는 것이다. 이래저래 세금 때문에 합병하기 어렵다. 하지만 세법에서는 기업구조조정을 지원하기 위해서 일정한 요건을 만족하면 세금을 나중에 내게 하거나 감면해주는 제도가 있다. 이것을 적격합병이라고 하는데 적격합병 요건을 만족하면 소멸회사가 부담하는 법인세를 바로 내지 않고 합병회사가 나중에 낼 수 있고, 주주의 배당소득세도 받은 지분을 처분할 때 낼 수 있다. 적격합병요건 중 주요내용은 첫째, 합병대가를 현금이 아닌 주식으로 대부분 받아야 하고, 둘째로 합병 후 소멸회사의 사업 및 종업원을 일정기간 유지해야 한다. 이러한 조건을 중소기업 간 합병에서는 충족하기 어렵지 않기 때문에 합병을 한다면 세금 부담 없이 가능하다고 보면 된다.

분할해서 지배구조를 개선하자

합병과 반대되는 개념으로 분할이 있다. 회사 규모를 줄여 사업 전문화를 하거나, 지주회사 체제로 전환하거나, 가업승계를 위하여 회사를 분할하는 경우가 있다.

회사를 분할하려는 이유는 많지만, 막상 분할하려니 어떻게 해야 하고, 세금이 얼마나 나오는지 궁금해 한다. 만약 두 개의 사업부가 있으면 어느 사업부를 분할할 것인가에 따라 세금도 다르다.

광주에서 자동차부품업을 하는 장 사장님은 전기차부품 사업부가 커지면서 회사가 급성장하였다. 기존 사업부는 축소되고 전기차부품 사업부는 계속 성장할 것 같아 별도 회사로 분할하고 싶다.

"회사가 너무 비대해진 것 같다. 모든 사업을 한 회사에서 하다 보니 사업부가 여러 개가 됐다. 성장하는 사업부를 떼내고 싶은데 방법과 세금이 궁금하다."

분할 방법은 크게 인적분할과 물적분할이 있어 분할하려는 이유에 따라 선택하여야 한다. 그리고 기존 법인의 자산을 신설 법인으로 파는 것이기 때문에 세금도 고려해야 한다.

회사를 분할하는 방법은 떨어져나가는 회사(분할 신설 회사)의 지분을 개인이 가지고 가느냐 아니면 기존 회사가 가지고 가느냐에 따라 다르다. 분리 신설되는 회사의 주주가 누가 되는가의 문제다.

예를 들어 철강 사업부와 2차전지 사업부가 있는 회사를 가정해보자. 2차전지 사업부를 분할해서 신설 회사를 만들려면 신설 회사가 주식을 발행해야 한다. 그 주식을 기존 회사가 가지고 갈 수도 있고, 기존 회사의 주주가 가지고 갈 수도 있다. 만약 기존 회사가 지분을 가져가면 2차전지 사업부를 운영하는 신설 회사는 기존 회사의 종속 회사가 된다. 이를 물적분할이라고 한다. 회사를 종으로 분할한다고 생각하면 편하다.

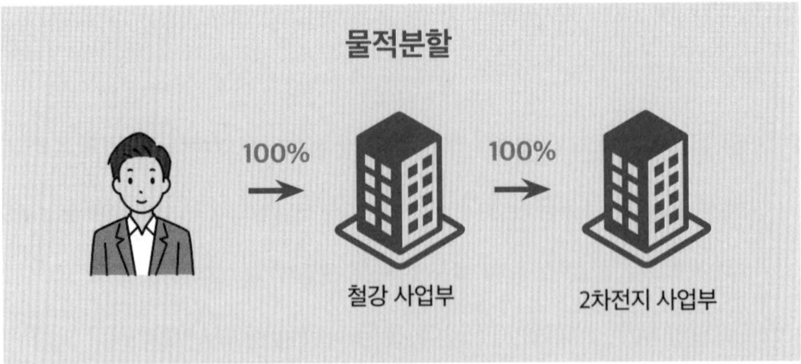

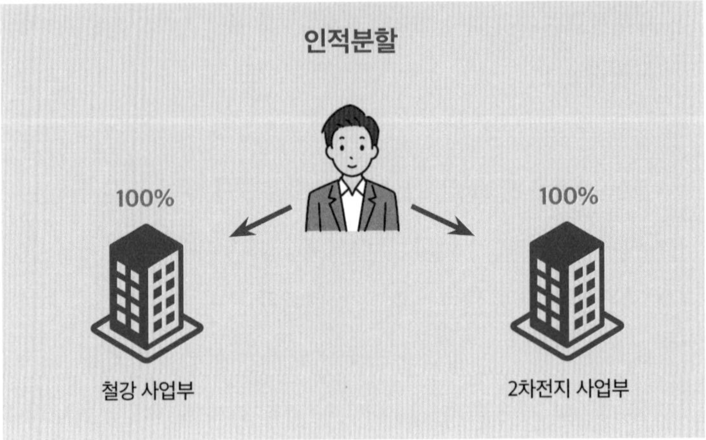

만약 2차전지 사업부를 운영하는 신설 회사의 지분을 기존 회사의 주주가 가져간다면 주주가 기존 회사와 신설 회사 두 개를 지배하게 된다. 이를 인적분할이라고 한다. 회사를 횡으로 분할한다고 생각하면 된다.

물적분할을 할지 인적분할을 할지 분할의 목적에 따라 장단점이 있다. 상장사의 경우 물적분할보다 인적분할을 선호(상장유지요건 때문)하지만, 비상장 중소기업의 경우 그 목적에 따라 다르다.

예를 들어 분할해서 신설 법인을 자녀에게 승계할 목적이라면 물적분할보다는 인적분할이 더 유리할 수 있다. 반면, 분할 후 다른 회사를 인수해서 지주회사 체제로 가려면 물적분할이 유리하다. 분할을 하게 되면 기존 법인의 사업부를 신설 법인에 매각한다고 보고 양도차익에 대해 법인세를 내야하고, 주주는 (기존 회사 주식을 반납하고 신설 회사 주식을 받는 경우) 배당소득세가 과세된다. 세금체계는 합병과 유사하다. 하지만 분할할 때 세금도 합병과 마찬가지로 적격분할 요건을 충족하면 분할하는 시점에 세금을 내지 않아도 된다.

적격분할 요건

- **5년 이상 사업영위법인의 분할**
- **분할법인 출자로만 분할할 것**
- **분할법인의 종업원 승계 및 사업 유지**

여기서 주의할 것은 부동산임대부분을 분할하면 적격분할을 하더라도 세금을 내야 한다는 것이다.

4장

성공한 부자들은 누구나 가업승계에 관심이 많다

1

가업승계!
계획이 중요하다

2020년 초 겨울쯤, 수원에서 전자부품업을 하는 손 사장님이 남의 일이 아니라며 기사 하나를 내게 보여줬다. 기사는 삼성가 상속세 내용이였다. 삼성 이건희 회장이 사망하면서 약 26조 원의 유산을 남겼고, 상속세가 13조 원 나왔다. 우리나라 상속증여세 최고 세율이 50%인데 삼성 같은 대기업의 최대주주지분은 20% 할증을 하게 된다. 그렇게 계산된 최종 상속세율은 60%에 이른다. 상속세는 배우자, 자녀 등 상속인들이 내게 되는데, 문제는 상속세 납부재원이다. 삼성의 상속인들은 분납 신청(당시에는 5년 분납이었지만 지금은 법이 개정되어 10년 분납이 가능하다)과 주식담보대출을 받아 상속세를 내고 있다. 삼성 같은 대기업도 상속세 납부재원을 마련하지 못해 상속인들이 곤란해 하고 있는데 중소기업은 오죽하겠는가? 중소기업은 상속세 납부재원 문제를 넘어서 또 다른 걱정을 해야 한다. 창업자의 의도와는 다르게 본인 주식이 비후계자에게 이전될 위험이 있고, 기존 창업멤버들과의 갈등으로 경영권이 위험해질 수 있다.

> 대구에서 중소기업을 운영하는 김 사장님은 평소 완고한 분이셔서 자녀들이 사장님 뜻을 거스르는 경우가 거의 없었다. 80세가 넘어서도 가업승계 생각만 하고 있었지, 구체적인 계획이 없었다. 자녀들 또한 가업승계 계획이 필요하다는 것은 알고 있었지만 누구 하나 말을 꺼내지 못하고 있었다.
> 장남은 영업을 담당하고 있었고, 차남은 경영관리를 담당하고 있었는데, 사장님은 내심 장남을 후계자로 생각하고 있었다. 구체적인 계획이 없는 상태에서 사장님이 심장마비로 갑자기 세상을 뜨자, 자녀들은 법정상속비율만큼 회사지분을 받았다. 사장님이 평소 후계자로 생각하고 있었던 장남뿐만 아니라 차남에게 지분의 반이 상속된 것이다. 사장님 살아생전에는 그렇게 사이가 좋았던 장남과 차남이 회사 지분율이 비슷해지자 회사의 중요 의사결정 때마다 사사건건 부딪혔고, 회사 임직원들도 둘로 쪼개졌다. 결국 지금은 사세가 많이 기울어졌다.

그리고 절세 기회를 놓칠 수 있다. 창업자가 가장 관심을 갖는 분야가 가업승계 시 절세전략인데, 가업승계를 미리 준비하지 않으면, 주식가치축소를 통한 최적의 승계 시점을 놓칠 수 있고, 준비부족으로 세법에서 마련하고 있는 가업승계 세제지원제도를 활용하지 못할 수 있다.

평소 알고 지내던 은행 지점장에게 전화가 왔다. 자신의 거래처 대표이사가 갑자기 돌아가셨다고 한다. 그 아들이 가업을 승계받아야 하는데 상속세 절세 방법이 있는지 문의가 온 것이다. 다행히 아들이 후계자로서 경영에 참여하고 있어서, 중소기업 가업승계 지원제도인 가업상속공제(업력 10년 이상 되는 중소기업의 가업승계 시 주식가치 300~600억 원까지 상속세가 없다)를 활용하면 세부담이 거의 없을 거라고 생각하고 검토에 들어갔다.

하지만 치명적인 약점이 있었다. 사옥 중 50% 정도가 임대되고 있었던 것이다. 상속되는 주식가치가 300억 원 정도였는데 임대부문 때문에 내지 않아도 되는 상속세 50억 원을 내게 된 것이다. 가업상속공제는 비사업용자산(임대 포함) 부분은 공제를 해주지 않는다. 미리 준비하지 않아 50억 원의 상속세를 부담하게 된 것이다.

마지막으로, 실무적으로는 가장 중요하고 시간도 많이 걸리는 이슈가 세금납부재원 마련이다. 아무리 좋은 승계 전략을 세워도 세부담이 없을 수 없다. 가업승계를 미리 준비하지 않으면 세금을 납부하지 못해 상속받은 회사지분을 급하게 매각하거나 회사의 주요 자산을 매각해 회사의 성장기회를 놓칠 수 있다. 서문에서 언급했던 쓰리세븐, 농우바이오 사례가 상속세 납부재원이 없어 상속받은 주식을 팔아 납부재원을 마련한 사례다.

창업자들의 고민

가업승계를 상담하다 보면 창업세대는 비슷비슷한 고민을 한다. 가장 많이 하는 고민 여섯 가지를 소개하면 다음과 같다.

첫째, 누구에게 가업을 승계할 것인가? 가업승계 고민의 출발점이다. 후계자를 결정해야지만 가업승계 계획을 시작할 수 있다. 보통은 장남, 장녀를 후계자로 많이들 하는데 비후계자인 다른 자녀들과의 형평성 문제가 제기될 수 있다.

둘째, 본인 지분 중 생전에 얼마나 이전할 것인가에 대한 문제다. 생전에 많이 주면 늙어서 괄시당할 것 같고, 적게 주자니 나중에 세금이 부담되는 것이다. 이 문제는 창업자의 성향에 따라 다르고, 상법상 주주총회 의결권을 고려하여 결정해야 한다.

셋째, 승계 시기에 대한 문제다. 승계 시기는 결국 세금이 가장 적게 나오는 시기이고, 이 시기는 주식 가치가 가장 낮은 시점이 될 것이다. 기업을 운영하면서 잠깐 안 좋은 시기가 있을 수 있다. 가업승계 측면에서 봤을 때 이때가 최적의 승계 시점이다. 많은 창업자들이 '그때 주식을 이전할 걸.'이라는 후회를 하는 경우가 많다. 미리 승계 계획을 수립하지 않으면 놓치고 지나가는 경우가 많다.

넷째, 세금이 얼마나 나오는지, 합법적인 절세 방안은 없는지에 대한 고민이다. 우리 회사 주식 가치가 얼마인지, 지분을 이전하면 세금이 얼마나 나오는지, 절세할 수 있는 최적의 방안은 무엇인지를 고민한다.

다섯째, 승계를 위한 몇 가지 방안 중 본인에게 최선의 방안을 비교한다. 예를 들어 절세측면에서 유리하더라도 자녀들 간의 형평성 문제가 있다든지, 세금을 좀 더 내더라도 승계 시기를 좀 더 늦춘다던지, 여러 가지 대안 중 본인 성향과 회사 상황에 맞는 최적의 대안을 고민한다.

여섯째, 앞서 말했듯이 실무적으로 가장 중요한 문제는 세금납부재원 마련이다. 결국 세금을 줄이더라도 어느 정도 세금이 나온다고 보면, 자녀들이 세금을 납부할 여력이 없으면 성공적인 가업승계가 어렵다.

우리나라는 이미 창업 1세대들이 은퇴하는 고령화 사회로 가고 있다. 많은 중소기업들이 가업승계 걱정만 하지 구체적인 가업승계 계획은 가지고 있는 경우가 많지 않다. 우량한 기업일수록 가업승계에 관심에 많지만 세금 부담, 후계자 역량, 상담전문가 부족 등을 이유로 계획에 어려움을 겪고 있다. 앞서 말한 여섯 가지 창업주의 고민은 미리 계획을 세우면 어느 정도 해결책이 나올 수 있다. 하지만 가업승계는 지분이전을 동반하기 때문에 본인 아닌 다른 사람(자녀 혹은 회사 재무담당자)이 먼저 말하기 조심스럽기 때문에 창업주가 계획의 필요성을 인지하지 못하면 어려울 수 있다.

가업승계 계획! 네 가지를 생각하자

가업승계는 크게 경영권승계와 소유권승계를 나눌 수 있다. 회사경영의 노하우 전수가 경영권승계라면, 회사지분 이전이 소유권승계라고 할 수 있다.

가업승계를 계획할 때 가장 큰 고민은 세금이다. 상담을 하다 보면 후계자가 이미 경영수업 중인 회사가 많다. 경영권승계는 어느 정도 진행되고 있는 것이다. 소유권승계는 나중에 이루어지는 경우가 많다. 소유권승계는 필연적으로 상속증여세가 따라 붙기 때문에 절세를 위해서는 몇 가지 고려해야 한다.

주식평가	승계 시점
주식평가액을 낮춰라	최적의 승계 시점을 잡아라
• 순자산가치와 순손익가치의 축소방안을 연구하여 주식평가액을 낮춰야 함 • 임원 퇴직금배수 조정을 통한 퇴직연금 추가불입 등으로 순손익가치를 줄여 주식평가액을 낮춰야 함	• 승계 시점에 따라 세부담액의 차이가 발생할 수 있으므로 승계 시점별 예상 세부담액 산출을 통한 최적의 승계 시점을 잡아야 함 • 통상 부동산 가치가 급등하기 전이라던지, 영업 실적이 부진한 시기가 최적의 승계 시점이 될 수 있음
승계 방법	**이전비율**
세금을 최소화하는 승계 방법을 택하라	지분 이전비율을 적절히 택하라
• 승계 방법에 따라 세부담액의 차이가 발생함 • 상속/증여, 증/감자, 합병/분할, 양도 법인설립 등 다양한 승계 방안 중 최적의 대안을 선택하여야 함	• 모든 지분을 한 번에 이전할 것인가? 분할이전할 것인가? • 분할이전(승계 시기) 및 분산이전 (승계 대상)을 통해 합산과세배제 및 누진세율 적용을 회피할 수 있음

첫째, 승계대상지분의 평가액을 낮춰야 한다. 비상장 중소기업의 주식은 보통 시가가 없기 때문에 세법상 규정된 방법으로 평가해야 한다. 이때 가장 큰 영향을 미치는 것이 과거 3년간 손익이다. 따라서 합법적으로 손익을 낮출 수 있는 방법을 찾으면 절세가 가능하다.

둘째, 최적의 승계 시점을 잡아야 한다. 최적의 승계 시점은 일시적으로 실적이 안 좋아진 시점, 자산가치가 급등하기 전 등의 주식가치가 최소가 되는 시점이다. 이러한 승계 시점은 미리 준비하지 않으면 모르고 넘어갈 수 있다.

셋째, 세금을 최소화하는 승계 방법을 택해야 한다. 승계 방법은 증여, 상속, 양도 등의 일반적인 방법 이외에 합병, 분할, 신규 법인 설립 등 지배구조개편을 통한 방법도 고려할 수 있다. 중소기업은 가업승계 세제지원제도를 활용하는 것도 좋은 방법이 될 수 있다.

넷째, 지분 이전비율을 적절히 택해야 한다. 모든 지분을 한 번에 이전할 것인지, 시기를 나누어서 이전할 것인지와 같은 이전시기를 고려해야 한다. 또한 이전하는 대상이 자녀 한 명인지 혹은 여러 명인지와 같은 분배비율에 대한 문제도 고려해야 한다. 이전시기와 분배비율은 창업자의 성향에 많이 좌우되지만 세금에도 영향을 미친다.

2

지분 이전비율과 배분비율을 위한 가이드

중소기업의 오너가 가업승계를 계획할 때 가장 중요하게 생각하는 것은 바로 절세다. 하지만 절세보다 더 먼저 고민해야 되는 것이 있다. 바로 본인 지분 중 얼마나 생전에 이전할 것인가와 자녀들 간의 배분비율이다.

안산에서 전자제품부품 제조업을 하는 장 사장님은 요즘 가업승계를 생각하면 잠이 오지 않는다. 본인 지분 100%를 누구에게 얼마나 승계할지 고민이다.

"후계자는 장남으로 결정했는데, 내 지분 중 얼마나 줄 건지가 걱정이다. 많이 주자니 늙으면 괄시당할 것 같고, 적게 주자니 나중에 세금이 많이 나올 것 같다. 장남한테 다 주면 차남이 섭섭해 할 것 같고… 이래저래 고민이 많다."

장 사장님이 하는 고민은 가업승계를 할 때 창업주들이 제일 먼저 하는 고민이다. 생전에 많이 주면 본인 지분율이 낮아져서 회사에 대한 영향력이 약해지고, 적게 주면 나중에 주식 가치가 올라서 세금이 많이 나올 것 같다는 걱정이다. 그리고 후계자와 비후계자와의 배분비율도 걱정이다. 주식은 회사를 안정적으로 경영을 할 수 있는 도구로 재산이 아니라고 생각하는 사장님이 많다. 하지만 자녀들 생각은 다르다. 회사주식을 재산으로 보는 것이다. 이러한 관점의 차이가 갈등을 키울 수 있다. 회사 경영을 생각하면 후계자에게 지분 전부를 승계하는 것이 좋으나, 지분을 받지 못한 비후계자인 자녀들의 불만이 있을 수 있다. 후계자의 경영권을 지키면서 비후계자인 자녀도 만족할 수 있는 황금 배분비율(비후계자는 회사지분이 아닌 개인재산으로 배분하는 것이 좋다)을 고민하는 것이다.

정답은 없다. 오너 성향, 가족관계, 회사 상황, 절세 유불리 등에 따라 의사결정을 할 수 있다. 하지만 의사결정에 도움을 줄 수 있는 가이드는 있으니 참고하면 좋을 것이다.

주주총회 결의요건을 고려한 이전비율

지분 이전비율을 결정할 때는 상법상 주주총회 결의요건을 알면 도움이 된다. 주식회사의 의사결정은 주주총회를 통해 하게 되는데, 회사의 웬만한 의사결정은 보통결의를 통해 할 수 있다. 보통결의는 출석한 주주의 과반수 이상의 동의가 필요하다.

회사의 중요한 의사결정은 특별결의를 통해 할 수 있는데 특별결의는 출석한 주주의 2/3 이상 동의가 필요하다. 중요한 의사결정이라 함은 정관의 변경, 이사감사의 해임, 합병분할, 영업양수도 등이다.

가족기업이 많은 중소기업은 주주총회 의결권 기준으로 67% 지분율이 되면 안정적인 경영권 행사가 가능하다. 적어도 보통결의가 가능한 과반수 이상의 지분율은 필요하다. 그러므로 후계자와 비후계자들 간의 배분비율을 정할 때 후계자가 안정적인 경영권 행사가 가능하도록 주주총회 특별결의가 가능한 지분율인 67% 이상을 계획하는 것이 좋다. 또한 오너 보유 지분 중 생전 이전비율을 정할 때, 바꿔 말하면 오너가 유고시점까지 가지고 가야하는 지분율을 정할 때는 50% 이상을 고려해 볼 만하다. 물론 오너 성향, 가족관계, 절세 효과 등 다양한 측면을 고려해서 결정해야겠지만 오너가 완전히 은퇴하지 않는 이상, 후계자를 견제할 수 있는 지분율(보통결의가 가능한 수준)을 가지고 있는 것도 좋은 대안이 될 수 있다.

예시 장남을 후계자로 정했을 때의 배분비율

- **승계대상 회사지분: 오너 보유 주식가치 100억 원(지분율 100%)**

⇒증여 후 지분율 계획: 오너 30억 원(30%), 장남 40억 원(40%), 차남 15억 원(15%), 차녀 15억 원(15%)

⇒상속 후 최종 지분율 계획: 장남 70억 원(70%), 차남 15억 원(15%), 차녀 15억 원(15%)

총 기업가치가 100억 원인 중소기업 오너가 100%의 지분을 가지고 있다고 가정하자. 생전에 장남에게 40%, 차남 15%, 차녀 15%로 증여하면 본인 지분은 30% 남는다. 이렇게 되면 누구도 단독으로 주주총회 보통 결의를 할 수 없다. 장남이 최대주주이지만 오너, 차남, 차녀의 지분을 합치면 60%이기 때문에 장남을 견제할 수 있다. 이후 오너 유고시점에 본인 지분 30%를 장남에게 모두 상속한다면, 장남 지분율은 70%, 차남 15%, 차녀 15%가 되어 장남의 안정적인 경영권 확보가 가능하다. 이 과정에서 지분을 많이 받지 못한 차남과 차녀의 불만이 있을 수 있으니, 가족 간 합의가 중요하고 다른 개인재산을 차남과 차녀에게 상속해 균형을 맞추는 것이 좋다.

유류분제도를 고려한 배분비율

유류분제도란 상속인들이 일정비율(법정상속분의 1/2)의 유산을 받을 수 있도록 의무화한 제도다. 자녀 3명이 있는데 자녀 1명에게만 재산을 모두 물려주면 재산을 받지 못한 2명의 자녀는 본인들이 법적으로 받을 수 있는 상속재산의 1/2을 유류분으로 청구할 수 있다. 이러한 유류분은 상속이전 포기한다고 없어지는 권리가 아니다.

예를 들어 자녀 3명이 있는 중소기업 오너(총 기업가치 375억 원, 본인 지분율 80%, 본인지분 가치 300억 원)가 사망했다고 가정해 보자. 유언이 없다면 법정 상속분만큼 지분을 가지게 되는데, 장남, 차남,

차녀가 각각 100억 원(지분율 26.7%)씩 상속 받게 된다. 하지만 장남에게 전부 준다고 유언을 했다면 지분을 받지 못한 차남과 차녀는 유류분을 청구할 수 있다. 유류분으로 청구할 수 있는 금액은 본인 법정 상속분의 반이다. 위 사례에서는 50억 원씩(지분율 13.3%)이다. 오너는 장남에게 300억 원(지분율 80%)를 주기 원했지만, 유류분 청구로 장남 200억 원(지분율 53.3%), 차남 50억 원(지분율 13.3%), 차녀 50억 원(지분율 13.3%)으로 지분율이 바뀌게 되는 것이다. 차남과 차녀의 지분율을 합치면 장남의 경영권을 위협할 수 있는 수준이다. 유류분 청구로 인해 장남은 주주총회 특별결의를 할 수 있는 지분율(67%)을 확보하지 못하는 것이다.

배분비율을 정할 때는 유류분까지 고려해야 한다. 후계자에게는 회사지분을 승계하고 비후계자에게는 개인재산을 물려줘서 후계자와 비후계자들 간의 재산분배비율의 균형을 맞추는 것이 좋은 방안이다.

예시 장남을 후계자로 정했을 때의 배분비율

• 상속재산: 회사지분 200억 원, 개인 소유 부동산 100억 원

⇒ 유언: 장남(회사지분 200억 원), 차남(부동산 50억 원), 차녀(부동산 50억 원)

회사 지분가치가 200억 원이고 개인 소유 부동산이 100억 원인 중소기업 오너가 가업승계 계획을 세울 때 유언을 예시한 것이다. 장남에게 회사지분 전부를 주면 가업은 장남에게 안정적으로 승계되고, 차남과 차녀는 경영에 참여하지 않는 대신 유류분 청구 가능액(법정상속분의 절반인 50억 원)만큼 개인소유 부동산을 배분한 것이다.

유류분제도는 기업의 가업승계에서 중요하게 고려해야 할 요소다. 비후계자들이 유류분을 청구한다면 가족 간의 불화는 물론이고, 회사의 경영권이 흔들릴 수 있기 때문에 가족 간 합의를 통해 자녀에게 예측가능성을 주는 것이 중요하다.

3

최적의 승계 시점을 알려주는 비상장주식 평가 방법

가업승계의 핵심은 주식을 자녀에게 이전할 때 어떻게 하면 절세할 수 있느냐다. 세금은 이전하는 주식가치가 얼마냐에 따라 다르다. 상장사는 시가가 있어 주식가치를 별도로 평가할 필요가 없지만, 비상장사는 시가를 알기 어렵기 때문에 주식평가를 직접 해야 한다. 그 방법이 바로 상속증여세법에 규정하고 있는 보충적 평가 방법이다. 비상장주식의 평가는 가업승계절세전략의 출발점이다.

여수에서 화학업을 하시는 최 사장님은 요즘 실적이 안 좋아져서 근심이 많다. 유가가 내려가면서 마진폭이 줄어서다. 하지만 20년간 사업을 해보니 화학업종은 경기를 타서 실적의 진폭이 있기 때문에 내년쯤에는 다시 좋아질 것이라고 기대하고 있다.

"올해 실적이 일시적으로 안 좋을 것 같다. 주변에서 이 시기에 주식을

자녀에게 증여하면 세금을 아낄 수 있다고 한다. 물론 실적이 안 좋으면 주식 가치가 줄 거고 그러면 세금도 준다는 것 정도는 알겠는데, 얼마나 줄어드는지 알고 싶다."

최 사장님처럼 회사실적이 몇 년간 일시적으로 안 좋을 수 있다. 가업승계를 생각하면 이런 시기가 최적의 승계 시점이 될 수 있다. 하지만 많은 중소기업들이 이런 시기를 놓치고 나중에 실적이 좋아졌을 때 후회한다. 가업승계의 로드맵이 있던 중소기업이라면 이 시기를 놓치지 않을 것이고, 구체적인 계획을 세우지 않았던 기업이라면 절세 기회를 놓치게 되는 것이다.

비상장주식 평가 방법: 자산가치보다 손익가치가 중요하다

주식가치를 평가하는 방법을 알면 주식가치 최소화 방법과 시기에 대한 전략을 세울 수 있다. 최적의 승계 시점을 알 수 있는 것이다. 물론 전문가가 아니라면 자세히는 알 필요가 없으나 대강의 평가 로직은 알아야 한다. 그래야지 간단하게라도 계산해 볼 수 있다. 대략적인 산정 방법은 순자산가치와 순손익가치를 40:60 비율로 가중평균하여 주식가치를 구한다.

비상장주식가치 = (**순자산가치**×40%) + (**순손익가치**×60%)

순자산가치는 자산에서 부채를 뺀 금액이고, 순손익가치는 과거 3개년 동안 순손익(세무상 순이익 개념)을 가중평균하여 계산한다. 평가 기준일부터 가까운 연도에 더 높은 가중치를 두어서 계산한다.

- **순자산가치 = (상속증여세법상 시가로 평가된) 자산-부채**
- **순손익가치 = [(3차연도 순손익×3/6) + (2차연도 순손익×2/6) + (1차연도 순손익×1/6)] × 10**

결국 순자산가치와 순손익가치를 계산하면 주식가치를 계산할 수 있다. 순자산가치는 기업의 자산에서 부채를 뺀 자기자본 개념이다. 부동산이 있는 기업은 토지의 장부가액과 상속증여세법상 시가(보통 공시지가)의 차이가 가장 큰 영향을 미친다. 순자산가치는 매년 큰 변동이 없어 승계 시점을 잡을 때 큰 영향을 미치지 못한다. 하지만 순손익가치는 매년 변동이 있으므로 주식가치에 미치는 영향이 크다. 순손익가치 계산 시 평가기준일 직전연도 손익의 가중치가 가장 크기 때문에 직전연도 손익에 따라 승계 시점을 잡으면 절세 측면에서 유리한 전략을 세울 수 있다. 최근연도의 이익이 작을 때 주식평가액이 최소화 된다.

앞서 최 사장님의 화학회사를 사례를 들어 주식가치를 평가해보고 실적이 안 좋아졌을 때 세금이 얼마나 줄어드는지 계산해보자.

예시 **정상 실적일 때**

- 자산: 200억 원
- 부채: 100억 원
- 2022년 이익: 20억 원
- 2021년 이익: 15억 원
- 2020년 이익: 10억 원

⇒ 순자산가치 100억 원: 계산근거 = 200억 원 - 100억 원

⇒ 순손익가치 167억 원: 계산근거 = [(20억 원 × 3/6) + (15억 원 × 2/6) + (10억 원 × 1/6)] × 10

⇒ 주식가치 140억 원: 계산근거 = (100억 원 × 40%) + (167억 원 × 60%)

예시 **실적이 일시적으로 안 좋을 때**

- 자산: 200억 원
- 부채: 100억 원
- 2022년 이익: 5억 원(2022년 이익이 정상실적의 1/4)
- 2021년 이익: 15억 원
- 2020년 이익: 10억 원

⇒ 순자산가치 100억 원: 계산근거 = 200억 원 - 100억 원

⇒ 순손익가치 92억 원: 계산근거 = [(5억 원× 3/6) + (15억 원 × 2/6) + (10억 원 × 1/6)] × 10

⇒ 주식가치 95억 원: 계산근거 = (100억 원 × 40%) + (92억 원 × 60%)

2022년 실적이 일시적으로 안 좋아졌다고 가정하면, 정상적일 때와 비교해서 주식가치가 140억 원에서 95억 원으로 32% 줄어들고, 증여세 63억 원에서 41억 원으로 35% 줄어든다. 만약 실적이 다시 좋아지면 이와 같은 절세 기회가 사라지는 것이다.

부동산임대법인의 주식가치: 부동산비율에 따라 평가액이 다르다

주식가치 계산할 때 순자산가치가 40%, 순손익가치가 60% 적용된다고 했는데 기업이 보유한 부동산이 총자산에서 50% 이상이 되면 적용비율이 반대가 된다. 즉, 순자산가치 60%, 순손익가치 40%를 적용해 주식가치를 계산한다. 부동산비율이 높으면 순손익가치보다 순자산가치에 더 큰 비중을 두겠다는 의미다. 그리고 부동산임대 법인과 같이 부동산이 차지하는 비율이 80% 이상이 되면 순손익가치를 보지 않고 순자산가치 100%로 평가한다.

순자산가치와 순손익가치가 동일한 회사라고 하더라도 부동산이 차지하는 비율에 따라 가중치가 다르므로 주식가치가 다를 수 있다.

재무구조와 실적은 같지만 업종만 다른 두 개 법인(제조업과 부동산임대업)의 주식가치를 비교해 보자.

예시 제조업일 때

- 자산: 200억 원(부동산 비율 35%)
- 부채: 100억 원
- 2022년 이익: 8억 원
- 2021년 이익: 7억 원
- 2020년 이익: 6억 원

⇒ 순자산가치 100억 원: 계산근거 = 200억 원 - 100억 원

⇒ 순손익가치 73억 원: 계산근거 = [(8억 원 × 3/6) + (7억 원 × 2/6) + (6억 원 × 1/6)] × 10

⇒ 주식가치 84억 원: 계산근거 = (100억 원 × 40%) + (73억 원 × 60%)

예시 부동산임대업일 때

- 자산: 200억 원(부동산 비율 85%)
- 부채: 100억 원
- 2022년 이익: 8억 원
- 2021년 이익: 7억 원
- 2020년 이익: 6억 원

⇒ 순자산가치 100억 원: 계산근거 = 200억 원 - 100억 원

⇒ 순손익가치 73억 원: 계산근거 = [(8억 원 × 3/6) + (7억 원 × 2/6) + (6억 원 × 1/6)] × 10

⇒ 주식가치 100억 원: 계산근거 = (100억 원 × 100%)

두 개 기업은 순자산과 실적이 동일하지만, 가지고 있는 부동산 비율에 따라 주식가치가 달라진다. 제조업을 영위하는 기업의 주식가치는 84억 원이지만 동일한 재무제표를 가진 부동산임대기업의 주식가치는 100억 원으로 19% 정도 더 높다.

부동산임대법인은 순자산가치 100%로 평가하기 때문에 실적이 안 좋다고 하더라도 주식가치가 줄어들지 않는다. 여기서 부동산임대법인의 절세 기회가 생길 수 있다. 부동산임대법인이더라도 '부동산÷총자산' 비율이 80% 이하라면 주식가치가 줄어들어 증여세가 줄 수 있는 여지가 있는 것이다.

예시 부동산임대업이지만 부동산 비율이 80% 이하일 때

- **자산: 200억 원(부동산 비율 75%)**
- **부채: 100억 원**
- **2022년 이익: 8억 원**
- **2021년 이익: 7억 원**
- **2020년 이익: 6억 원**

⇒ 순자산가치 100억 원: 계산근거 = 200억 원 - 100억 원

⇒ 순손익가치 73억 원: 계산근거 = [(8억 원 × 3/6) + (7억 원 × 2/6) + (6억 원 × 1/6)] × 10

⇒ 주식가치 89억 원: 계산근거 = (100억 원 × 60%) + (73 × 40%)

부동산임대법인이지만 부동산 비율이 75%라면 순손익가치를

40% 반영한다. 그럼 주식가치는 100억 원이 아니라 89억 원이 되어 10% 정도 줄어들게 되어 증여세도 그만큼 줄어들게 되는 것이다.

적자기업의 주식가치: 주식가치는 하한선이 있다

앞서 설명한대로 실적이 안 좋아지면 순손익가치가 줄어들어 주식가치가 줄어든다. 이를 악용하여 순이익을 조절하여 주식가치를 낮추려는 의도가 있었다. 하지만 2018년부터 주식가치 하한선 규정이 도입되었다. 하한선 규정이 도입되면서 실적이 안 좋아서 주식가치가 줄어들더라도 순자산가치의 80% 밑으로는 떨어지지 않게 되었다. 주식평가액을 조정할 수 있는 여지가 많이 줄어들게 된 것이다.

앞서 최 사장님의 화학회사가 2022년에 10억 원의 적자가 났다고 가정하자. 그럼 주식가치가 67억 원이 된다. 하지만 주식가치는 순자산가치의 80%인 80억 원 이하가 될 수 없다. 결국 주식가치는 80억 원이 되는 것이다.

- **자산: 200억 원**
- **부채: 100억 원**
- **2022년 이익: -10억 원**
- **2021년 이익: 15억 원**

• 2020년 이익 : 10억 원

⇒ 순자산가치 100억 원 : 계산근거 = 200억 원 - 100억 원

⇒ 순손익가치 17억 원 : 계산근거 = [(-10억 원 × 3/6) + (15억 원 × 2/6) + (10억 원 × 1/6)] × 10

⇒ 주식가치 Max(67억 원, 80억 원) [계산근거 = (100억 원 × 40%) + (17억 원 × 60%), 계산근거 = 100 × 80%]

예를 들어 임원 퇴직금을 한도만큼 납입해서 순손익가치를 낮추려는 기업들은 이 하한선 규정을 알면 얼마나 납입해야 하는지 역산할 수 있다.

가업승계를 계획하고 있는 중소기업이 절세를 위해서 가장 먼저 해야 할 작업은 본인 회사의 주식가치를 평가하는 것이다. 평가 로직을 알면 주식가치 최소점을 알 수 있고, 절세 측면에서 최적의 승계 시점을 잡을 수 있을 것이다.

4

가업승계 증여특례제도 10억 원까지 세금이 없다

가업승계를 고민하는 사장님들의 가장 큰 관심사는 세금이다. 우리나라 상속증여세율은 OECD 국가 중에도 상위권에 속한다. 소유권승계를 위해서는 본인소유 지분을 후계자인 자녀에게 이전해야 하는데 이때 상속증여세(최고세율 50%, 최대주주 할증평가 시 60%)가 나온다. 세금 부담 때문에 가업승계가 어려운 것이다.

OECD 주요 국가별 상속세 최고세율

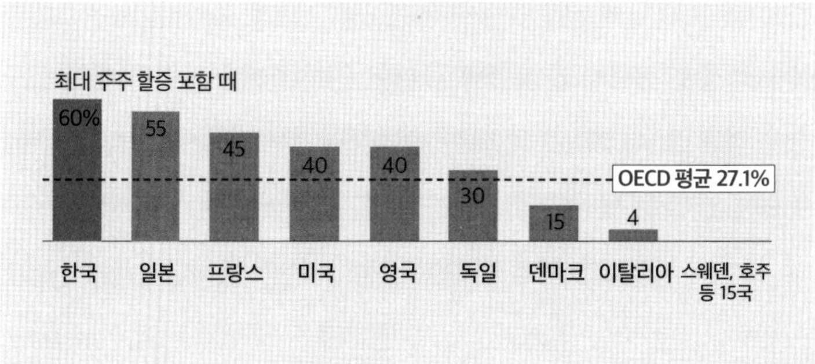

청주에서 비료제조업을 하시는 장 사장님은 자녀에게 가업을 물려주고 은퇴를 하려 하는데, 증여세를 생각하면 회사를 정리할까 싶다.

"지금 아들이 회사에 들어와 경영수업을 받고 있는데 지분은 없는 상태다. 내 지분을 증여하면 44억 원의 세금이 나온다고 하는데 어떻게 하면 좋을지 고민이다."

많은 중소기업들이 가업을 승계하고 싶지만 세금 낼 돈이 없어 주저하고 있다. 하지만 이를 지원하기 위해서 여러 가지 세제혜택을 주고 있으니 이런 제도를 활용하는 것도 좋은 방법이다.

가업승계를 위한 증여특례제도 혜택

가업승계를 위해서는 지분을 후계자인 자녀에게 이전해야 하는데, 생전에 무상으로 이전하면 증여세가 나온다. 지분가치에 따른 증여세율이 10~50%인데, 지분가치가 30억 원이 넘으면 50% 세율이 적용되어 지분가치의 반 정도가 세금으로 나간다. 하지만 중소기업과 매출 5,000억 원 미만 중견기업은 가업승계를 위한 지분 증여 시 일반세율이 아닌 특례세율을 적용받을 수 있다. 바로 가업승계 증여특례제도다. 일반증여는 최고 50% 세율로 증여세를 내야 하지만, 가업승계를 위한 증여특례제도를 활용하면 10% 혹은 20%의 낮은 세율로 증여세를 내고 지분을 이전할 수 있다.

증여특례제도는 세금을 아예 안 내는 것이 아니고 세금을 이연(나중에 내는)해주는 제도다. 즉, 생전에 낮은 세율로 일단 지분을 승계하게 하고 상속 때 상속세로 정산하는 구조이다. 증여특례제도를 활용하면 10억 원까지는 세금이 없고 과세표준 구간별로 10% 혹은 20% 세율(사업영위기간에 따라 구간이 상이함)이 적용된다(출간일에는 과세표준 구간이 개정될 예정이다).

- **과세표준 60억 원 이하: 10%**
- **과세표준 60억 원부터(가업영위기간에 따라) 300억 원, 400억 원, 600억 원까지: 20%**

위에서 장 사장님이 본인 지분을 아들에게 증여하면 증여세가 44억 원 나온다고 했는데, 그럼 지분가치가 100억 원 정도 일 것이다. 만약 증여세 과세특례제도를 쓰면 세금이 얼마나 나올까?

- **가업영위기간: 30년**
- **증여가액: 가업주식 100억 원**

⇒ 일반증여 시 증여세: 44억 원

⇒ 증여특례 시 증여세: 12억 원

⇒ 절세 금액: 32억 원

일반증여할 때는 증여세가 44억 원이지만, 증여특례를 쓰면 10억 원은 비과세고 60억 원은 10%, 30억 원은 20% 세율로 12억 원의 증여세가 나온다. 무려 32억 원이 절세되는 것이다. 물론 100억 원이 상속 시 상속세로 정산되긴 하지만, 상속 시점에 주식가치가 300억 원이 되더라도 증여 시점의 주식가치인 100억 원으로 합산되고, 가업상속공제제도를 쓰면 그마저도 세금이 없다.

증여특례 활용 요건

증여특례는 가업승계를 지원해주는 제도이긴 하지만, 일정요건을 충족해야 활용할 수 있다.

첫째, 일단 창업주인 오너(특수관계자 포함)가 40% 이상 지분을 가지고 10년 이상 가업을 영위한 중소기업이어야 한다. 둘째, 오너 나이가 만 60세 이상인 부 또는 모여야 한다. 셋째, 후계자가 만 18세 이상이고 증여받고 3년 내 대표이사에 취임해야 한다. 또한 증여특례를 받고 5년간 업종, 대표이사, 지분을 유지해야 하는 등 사후관리 요건도 충족해야 한다. 충족하지 못하면 일반 증여했을 때 정상적인 증여세와 이자를 추가로 더 내야한다. 과거에는 사후관리 기간이 10년이었으나 7년으로 줄어들었고, 최근 세법개정으로 5년으로 줄었다.

중소기업 가업승계의 가장 큰 걸림돌이 세금이다. 중소기업은 대기업과는 달리 시스템으로 움직이는 조직이 아니라, 오너의 열정, 경험, 노하우, 인맥 등으로 움직이는 조직이다. 따라서 후계자가 가족(자녀)일 경우 오너의 경영 노하우를 더 잘 습득할 수 있다. 이러한 취지에서 가업승계를 위한 세제지원제도로 지원하는 것이다. 하지만 지원제도를 활용하려면 다양한 이슈가 발생할 수 있으니 실행하기 전에 전문가와 상의해야 한다.

5

가업상속공제제도 600억 원까지 세금이 없다

가업승계를 지원하는 제도 중 핵심이 바로 가업상속공제제도다. 많은 중소기업 오너들이 가업상속공제제도를 어느 정도는 알고 있지만, 아직까지 증여특례제도와 헷갈려한다.

앞에서 설명한 증여특례제도는 생전 지분 이전 시 활용할 수 있는 제도라면, 가업상속공제제도는 유고 시점에 활용할 수 있는 제도다. 증여특례가 세금감면이 아닌 이연제도(나중에 세금을 내는 제도)라면 가업상속공제제도는 세금감면제도다. 또한 가업상속공제제도는 개인과 법인 모두 활용할 수 있고, 사후관리요건에 종업원 유지요건 등이 추가된다.

인천에서 엔지니어링 사업을 하는 표 사장님은 연세가 75세이다. 평소 본인이 죽으면 사업을 물려주겠다고 생각으로 지분 이전에는 관심

이 없었다. 최근 사업하는 친구가 암으로 갑자기 세상을 떠나자 자녀들에게 상속세가 50억 원이 나온 것이다. 상속받은 것은 회사지분인데 세금은 현금으로 내야하니 자녀들이 상속세를 마련하느라 여기저기 돈을 빌리러 다닌다는 소리를 듣고 남의 이야기가 아니라는 생각이 들었다. 지금이라도 어떻게 할지 여기저기 물어보면서 고민 중이다. 다행히 가업상속공제제도라는 제도를 알게 되었는데, 이 제도를 통하면 세금 없이 가업승계가 가능하다고 하는데 본인도 가능할지 궁금하다.

가업을 승계할 때 증여특례 혹은 가업상속공제 중 선택해서 활용할 수도 있고, 둘 다 활용할 수 있다. 가업승계 시 세금이 고민이라면 이 제도들을 꼭 알아야 한다.

가업상속공제제도 혜택

가업상속공제제도는 상속세 계산할 때 상속재산에서 가업승계재산을 공제해주는 제도다. 공제금액은 사업영위기간에 따라 다른데 10년 이상 300억 원, 20년 이상 400억 원, 30년 이상 600억 원을 공제해준다.

예를 들어 법인지분만 있는 상태에서 오너가 사망하면 지분평가금액 600억 원 미만은 세금 없이 상속이 가능하다는 이야기다. 증여특례는 세율이 낮춰주는 제도이지만, 가업상속공제제도는 금액을 공제해주는 제도이기 때문에 부담 측면에서는 더 유용한 제도다.

기업상속재산 유무에 따른 납부세액 비교(2023년 기준)

30년 이상 경영한 중소기업으로 가업상속재산만 700억 원이며
상속인은 자녀 1명이고 가업상속공제와 일괄공제만 있는 경우

가업상속공제 적용대상이 아닌 경우	구분	가업상속공제 적용대상인 경우
700억 원	상속 재산가액	700억 원
없음	**가업상속공제액**	**(600억 원)**
(5억 원)	일괄공제	(5억 원)
695억 원	상속세 과세표준	95억 원
50%(누진공제 4.6억 원)	세율	50%(누진공제 4.6억 원)
342억 9,000만 원	산출세액	42억 9,000만 원
(10억 2,870만 원)	신고세액 공제	(1억 2,870만 원)
332억 6,130만 원	**자진납부 세액**	**41억 6,130만 원**

법인을 35년 영위한 오너가 개인재산 없이 법인지분 700억 원을 상속했을 경우, 일반적인 상속세는 332억 원 정도 예상할 수 있는데, 가업상속공제제도를 쓴다면 600억 원까지 공제가 가능하다. 그럼 41억 원의 상속세가 나온다. 무려 291억 원이 절세되는 것이다.

가업상속공제제도는 이처럼 혜택이 많은 제도다. 하지만 모든 기업이 다 활용할 수 있는 것은 아니다. 일정한 요건이 필요하고 상속 후 사후관리 규정도 잘 지켜야 한다.

가업상속공제 활용요건

가업상속공제 활용요건은 기본적으로 증여특례제도와 유사하다. 가장 큰 차이점이라고 하면 증여특례제도에는 없는 종업원 유지 조건 등이 있다.

첫째, 가업상속공제를 받기 위해서는 오너(특수관계자 포함)가 40% 이상 보유하면서 10년 이상 가업을 영위한 중소기업이어야 한다. 둘째, 오너가 일정기간 대표이사로 재직하고 있어야 하며, 셋째, 후계자는 18세 이상이고 상속개시 전 가업에 종사하면서, 상속개시 후 2년 이내 대표이사에 취임하여야 한다.

가업상속공제를 받고 5년간 사후관리 요건도 있다. 5년간 가업, 대표이사직, 지분 등을 유지하여야 한다. 하지만 가업상속공제는 증여특례와 달리 종업원 유지 조건 등이 있다. 상속 시점 종업원 수 혹은 급여액을 5년간 90% 이상 유지해야 한다. 가업상속공제제도는 매년 개정되면서 혜택은 좋아지고, 요건은 완화되고 있는 추세이다. 가업상속공제를 받기 위한 요건을 지속적으로 검토하고 혜택을 최대한 활용하기 위한 전략이 필요하다.

6

비가업용 자산을 줄이면 세금도 준다

서울에서 서비스업을 하는 심 사장님은 가업승계를 고민하다가 가업승계 증여특례제도가 있다는 사실에 안심하고 있었다. 최근 담당 세무사한테 이에 대해 알아봤더니 생각했던 금액보다 큰 금액에 놀랐다.

심 사장님이 아들에게 이전하는 지분가치는 약 20억 원이다. 증여특례를 쓰면 10억 원까지 비과세이고 나머지 10억 원은 10% 세율을 적용받아 1억 원만 내면 된다고 생각했는데, 세무사가 계산한 금액은 2.3억 원이었다. 2배가 더 나오는 것이다. 왜 그럴까?

몇 년 전 10층 사옥을 신축했는데 4개 층은 회사가 쓰고 6개 층은 임대를 줬다. 이게 문제였다. 임대용 자산은 비가업용 자산이라 증여특례를 쓸 수 없어, 비가업용 자산비율만큼 일반증여세를 내는 것이다.

앞서 설명한대로 가업승계를 지원하는 대표적인 세제로는 가업승계 증여특례와 가업상속공제제도가 있다. 가업승계 증여특례는 생전증여 시 10% 혹은 20% 낮은 세율로 증여세를 낼 수 있고, 가업상속공제는 유고 시점에 상속재산에서 최대 600억 원까지 공제해주는 제도이다. 하지만 비가업용 자산은 세제혜택을 받을 수 없기 때문에 비가업용 자산비율을 줄일 필요가 있다.

비가업용 자산이란 무엇인가

법인자산 중에는 주 사업에 쓰는 자산과 그렇지 않은 자산이 있는데, 세법에서는 사업에 쓰지 않는 자산을 비가업용 자산이라고 하고 있다. 현금, 예적금, 유가증권, 매출채권, 토지, 건물, 기계장치 등 중에서, 세법에서 보는 대표적인 비가업용 자산은 다음과 같다.

- **임대용 부동산**
- **과다보유현금(5년 평균 현금의 1.5배를 넘는 금액)**
- **투자자산(투자주식, 금융상품 등) 등**

임대용 부동산은 대표적인 비가업용 자산이다. 임대사업이 주업이라도 임대용 부동산은 가업용 자산에 해당하지 않는다. 또한 현금(요구불예금이나 만기 3개월 내 금융상품)도 많이 가지고 있으면 비가업용으로 판단한다. 즉 과거 5년 평균 현금의 1.5배를 넘는 현금은 운전자금을 넘어서는 현금이라고 해서 비가업용 자산으로 보는 것이다.

예를 들어 5년 평균 현금이 10억 원이 있는데 증여 시점에 현금이 20억 원 있다면 [10억 원×1.5=15억 원]을 넘는 5억 원은 비가업용 자산으로 보는 것이다. 즉 5억 원을 운영자금이 아닌 현금으로 보는 것이다. 투자를 위해 보유하고 있는 주식, 채권, 금융상품 등도 영업에 필수가 아닌 비가업용 자산으로 본다.

비가업용 자산을 줄이면 절세금액이 커진다

비가업용 자산은 가업승계 세제혜택에서 제외된다. 법인자산 중에 비가업용 자산이 차지하는 비율만큼 세제혜택을 받을 수 없는 것이다.

예를 들어 증여대상 주식가치가 100억 원인 법인의 총자산 100억 원 중에 임대용 부동산이 30억 원 있다고 가정하자. 그럼 비가업용 자산비율이 30%가 된다. 그럼 100억 원의 주식 중 70억 원은 가업승계 증여특례가 가능하지만 30억 원은 일반증여세를 내야한다. 100억 원 전부를 증여특례 받는 것보다 세금 차이가 약 4.4억 원 정도 된다. 여기서 결정해야 한다. 증여세 절세를 위해 임대용 부동산을 사업용으로 전환하고 임대수익을 포기할 것인가, 아니면 세금을 더 내더라도 임대용 부동산을 계속 유지하며 임대료를 받을 것인가. 임대용 부동산은 이것저것 따져보고 결정해야 하지만 주식, 채권, 금융상품 등 투자자산은 쉽게 처분할 수 있어 가업승계를 계획하고 있다면 그 비중을 줄이는 것이 좋다.

7

개인사업자의 가업승계! 이런 방법도 있다

법인은 지분을 이전하면 가업승계가 이루어진다. 하지만 개인사업자는 법인과 다르게 가업승계를 위해서는 개별자산을 일일이 이전해야 해서 더 어렵다. 제조업을 하는 개인사업자와 법인사업자를 비교해 보자.

개인사업자는 개인 명의로 현금예금, 매출채권, 공장부지, 기계장치 등을 가지고 있다. 후계자에게 본인 사업을 승계하려면 개별자산마다 이전이 이루어져야 한다. 물론 포괄적으로 사업을 양수도하는 방법도 있으나, 이것도 명의이전이 개별적으로 이루어져야 한다. 또한 자녀가 두 명이면 장남과 차남에게 7:3 비율로 이전할 경우 모든 자산을 7:3 비율로 이전하는 것도 어렵다. 하지만 법인은 개인과 달리 개별자산이 아닌 회사지분만 이전하면 되기 때문에 가업승계가 수월하다.

수원에서 개인사업자를 운영하는 박 사장님은 개인사업체를 자녀에게 물려주고 싶어 한다. 개인사업체이지만 자가 공장도 있고 매출규모도 100억 원 정도로 큰 편이다. 큰아들과 작은아들 둘이 공동경영을 했으면 하는데, 개인사업체라 승계하기가 쉽지 않다. 세금도 세금이지만 두 명에게 어떻게 나눠줘야 할지 고민이다.

법인전환을 해서 넘겨주자

개인사업자는 법인으로 전환해서 승계를 하면 여러모로 편하다. 두 가지 큰 이점이 있는데 다음과 같다.

첫째, 법인으로 전환하면 법인지분만을 승계하면 된다. 승계 시기를 조율하고 분할해서 지분을 줘도 된다. 그리고 자녀가 여러 명이면 분산해서 지분을 줄 수도 있다. 개인사업자의 재산은 시기를 분할해서 주기 어렵다. 하지만 법인 지분은 오늘 20% 주고, 5년 후 30% 주는 등 시기를 분할해서 주는 것이 가능하다. 또한 자녀가 여러 명 있으면 지분을 분산하기도 쉽다. 두 자녀가 있는 경우에 후계자에게는 70%를, 비후계자에게는 30%를 준다고 가정하면, 개인사업자는 어렵지만 법인은 지분으로 나누어 줄 수 있기 때문에 더 용이하다.

둘째, 생전에 증여할 때 세제지원제도를 쓸 수 있다. 앞에서 설명했듯이 증여특례제도는 개인사업자는 쓸 수 없다. 증여특례는 생전증여 시 세율 낮춰주는 제도인데 법인의 지분만 가능하다. 그래서 생전에 세제지원제도를 쓰기 위해서는 법인으로 전환해서 지분을 이전하는 것이 여러모로 유리하다.

가업상속공제제도를 활용하자

앞서 중소기업의 가업승계를 지원하는 두 가지 제도를 설명했다. 생전증여 시 활용할 수 있는 증여특례제도, 사망 후 상속 시 활용할 수 있는 가업상속공제제도다.

개인사업자의 경우 증여특례는 사용할 수 없고, 가업상속공제만 쓸 수 있다. 만약 세금 때문이라면 오너의 사망 시점까지 기다려 가업상속공제를 쓰는 것이 세부담 없이 승계하는 방법이다. 하지만 사망 시점이 언제인지 알 수 없고, 그때까지 어떤 변수가 있을지 모르니 가업상속공제제도만 활용하기에는 부담이 있을 수 있다. 앞서 말했듯이 가업상속공제제도를 쓰면 상속세 계산 시 사업영위 기간에 따라 300~600억 원까지 상속재산에서 공제해준다.

8

공익법인을 활용한 가업승계 조심하자

기업 사주일가들이 상속증여세를 회피하기 위해 공익법인을 설립하는 방법으로 편법 증여를 한다는 것은 기사에도 자주 언급되는 내용이다. 회사지분을 개인에게 증여하면 증여세를 내야하지만 공익법인에 증여하면 세금을 내지 않아도 된다. 공익법인의 지배력을 계속 유지할 수 있다면, 공익법인이 회사의 주주가 되고 공익법인을 통해 회사를 일부 지배할 수 있는 것이다. 세금 없이 공익법인을 통해 회사를 지배할 수 있게 되어서, 대기업의 편법 증여수단으로 활용되었고 사회적 문제로도 자주 언급되었다. 거액의 재산을 기부해서 공익법인을 만들고 자녀나 가족들이 대대로 이사장이나 임원에 앉혀 평생 월급을 챙겨갈 수 있도록 하는 것이다.

공익법인에게 세제상 혜택을 주는 것은 기부문화를 확산하기 위해서다. 공익법인은 기본적으로 비영리법인이고 이러한 비영리

법인 중 공익성이 있는 비영리법인을 공익법인이라고 하는데 우리가 잘 알고 있는 장학재단, 문화재단 등이 있다. 그래서 공익법인에서 증여한 재산과 거기서 발생한 수익으로 공익활동을 하니 공익법인에 증여하는 것은 비과세 처리해주는 것이다. 하지만 이렇게 좋은 의도로 만들어진 세법제도를 편법증여의 도구로 활용하고 있는 것이다. 좋은 의도로 공익법인을 설립한 경우도 있지만 일부 중소기업이 주변이야기를 듣고 편법 증여의 목적으로 설립하는 경우가 가끔 있다.

분당에서 음식업을 하는 이 사장님은 최근 장학재단을 설립해서 주식을 장학재단에 기부하고 배당으로 장학사업을 하는 지인 이야기를 들었다.

"가업승계를 고민하고 있는데 주변에서 공익법인을 만들어서 증여하면 세금 없이 증여할 수 있다고 한다. 마침 장학재단을 만들어서 사회에 기여하고 싶다는 생각도 있어서, 가업승계와 사회공헌 두 가지 목적을 모두 달성할 수 있을 것 같은데 정말 괜찮은 방법인지 궁금하다."

공익법인은 관할관청에 승인을 얻은 후 설립등기를 해서 설립한다. 공익활동을 장려하기 위해 증여받는 재산은 증여세를 내지 않고 증여받은 재산에서 발생한 수익에도 세금이 없다. 다만, 공익법인으로 인정받으려는 비영리법인은 일정요건을 충족해야 한다. 또한 각종 납세협력의무도 져야 하는 등 지켜야 할 것이 많다. 주식을 공익법인에 증여하면 전부 비과세가 아니라 일정 지분율까지만 가능하다.

일반적인 공익법인은 회사지분율의 5%까지 비과세이고, 성실공익법인은 10%, 의결권 미행사를 정관에 규정한 공익법인은 20%까지 비과세된다. 즉 의결권 미행사를 정관에 규정한 자선, 장학, 사회복지 목적의 공익법인은 회사지분의 20%를 증여해도 세금이 없다는 이야기다. 공익법인은 사회공헌을 위해 좋은 취지로 설립되어야 하지만, 과거 대기업에서 편법증여의 도구로 활용한 사례가 많아서, 국세청에서는 항상 주시하고 있다.

만약 공익법인에 회사지분의 20%를 준다면 대주주 지배력이 상승한다. 예를 들어 총 발생주식 1,000주 중에 600주를 가지고 있는 대주주가 200주를 공익법인에 증여했다고 가정하면 의사결정을 할 때 본인의 의결권이 60%에서 75%까지 증가할 수 있다. 왜냐하면 증여 전에는 1,000주에 600주의 의결권이 있었는데 증여 후에는 800주 중에 600주에 해당하는 75%의 의결권이 생기기 때문에 의결권 강화가 가능한 것도 있다. 그래서 국세청에서 색안경을 보고 들여다 볼 수도 있다. 결산서류 공시가 잘 되었는지, 이사회에 특수관계인이 20%를 초과하는지, 부당지원 사례가 있는지 보는 것이다. 만약 공익법인으로서 의무를 위반하면 증여한 주식에 대한 증여세를 내야한다. 자칫하면 증여세 폭탄이 나올 수 있는 것이다. 공익법인을 가장한 가업승계 적발 사례가 꽤 있으니 공익법인을 설립하여 가업승계에 활용하겠다는 생각은 위험하다.

9

자녀들의 세금납부재원 마련이 제일 중요한 가업승계

가업승계는 지분승계가 핵심이다. 자녀들은 회사지분을 상속 증여받았는데 세금은 현금으로 내야하는 문제가 발생한다. 현금으로 받았으면 받은 돈으로 세금을 내면 되는데 가업승계는 그렇지 못한 것이다. 그래서 재원마련이 가업승계에 있어 중요한 문제가 된다.

화성에서 제조업을 하는 박 사장님은 평생 사업만 해오시던 분이다. 본인 회사 지분이외에 다른 재산은 없다. 본인의 모든 재산이 법인 명의인 것이다. 과거에는 회사와 본인을 동일시해 회사재산을 개인으로 가져올 생각을 하지 않았고, 마음만 먹으면 쉽게 가져올 수 있을 거라 생각했다. 과거에는 어느 정도 가능한 일이었지만 지금은 상황이 다르다. 회사와 개인은 엄격히 분리되어 있어 회사재산을 개인이 가져오려면 급여

나 배당 소득세를 내야한다. 최고세율이 45%이다.

만약 박 사장님이 회사지분만 가지고 있다가, 사망하면 자녀들은 회사지분에 대한 상속세를 내야 한다. 하지만 받은 것은 회사지분밖에 없기 때문에 상속세 낼 돈이 없는 것이다. 난감하다.

절세전략을 아무리 잘 세워도 세금은 어느 정도 내야하기 때문에 재원마련을 해야 한다. 자녀들의 재원마련은 단기간에 어렵다. 다양한 방법을 통해 장기간 준비해야 한다. 그래도 세금 낼 자금이 부족하다면 할부로 낼 수 있는 분납을 활용할 수도 있다.

재원 마련 방법

대표적인 재원 마련 방법에는 급여와 배당이 있다. 후계자가 회사에 근무하고 있다면 급여가 좋은 방법이고, 근무하지 않으면 배당을 주는 것도 좋다.

보통 후계자는 가업승계를 목적으로 회사에 와서 근무하는 경우가 많다. 이때 급여를 지급하게 되는데 급여수준을 높이는 것이다. 하지만 무작정 급여를 높일 수는 없다. 세법에서는 후계자인 자녀가 특별한 이유 없이 동일 직급의 다른 종업원보다 급여가 높으면 이슈를 삼는다. 따라서 직급을 높여 급여를 올려야 한다. 급여를 높이면 비용 인정이 되기 때문에 법인세가 줄어들고, 자녀는 재원을 마련해서 좋다.

만약 자녀가 회사에 근무하지 않고 주주로 있다면 급여를 줄 수 없으니 배당을 주는 것도 좋은 방법이다. 배당은 지분율에 비례해서 줘야하기 때문에 자녀지분이 작으면 효과적이지 않다. 과거에는 차등배당이라고 해서 지분이 적은 자녀들에게 배당을 많이 해도 문제가 되지 않았으나, 지금은 실익이 없다.

분납제도 활용

재원을 마련해서 세금을 전액 납부하면 다행이지만 그렇지 못한 경우에는 분할 납부를 활용하는 것도 좋다. 증여세는 5년 동안 6회 분할 납부가 가능하고, 상속세는 10년 동안 11회 분할 납부가 가능하다. 물론 분할로 납부하려면 담보제공과 이자는 부담해야 한다.

예를 들어 증여세가 6억 원이 나왔다고 가정하면, 증여세 신고 시 1억 원을 내고 5년 동안 매년 1억 원을 납부하면 되는 것이다. 이때 이자를 내야 하는데 이자율은 시중은행 정기예금이자율을 반영해 정하게 된다. 변동이 되는 것이다. 현재 2.9%다. 은행대출이자율보다는 낮으므로 대출받아서 내는 것보다는 유리하다.

가업승계 자산의 상속은 기간을 더 준다. 20년 혹은 10년 거치 10년 분할 납부가 가능하다. 이때도 물론 담보제공과 이자를 내야 한다. 납세담보제공과 이자가 부담스러울 수 있지만, 거액의 세금은 연부연납제도 활용과 급여나 배당을 통해 자금을 마련한다면 큰 부담이 없을 수 있다.

10

부동산 임대법인의 상속세 마련 방법

임대업을 일반적으로 가업이라고 하기에는 애매하나 임대업도 엄연한 사업이다. 하지만 부동산임대업을 영위하는 법인은 가업승계를 위한 세제혜택을 받지 못한다.

> **어머니가 부동산임대업을 하는 최 사장님은 최근 세금 때문에 고민이다. 코로나 시대를 지나면서 부동산 가치가 거의 2배가 올랐다. 물론 가격이 올라서 기분은 좋지만 한편 세금을 생각하면 마냥 좋지만은 않다. "어머님이 강남에서 임대업을 하신다. 법인사업자로 운영하시는데 부동산 가격이 계속 오르면서 지금 시세가 200억 원 정도 된다. 최근 건강이 안 좋아지셔서 상속세에 대해 주변에 주문을 구해봤는데, 상속이 되면 세율이 50% 정도라 상속세가 100억 원 정도 나온다고 한다. 만약 상속이 된다면 세금 낼 돈이 없어 걱정이다."**

앞서 대표적인 가업승계 세제지원제도인 증여특례와 가업상속공제제도를 설명했다. 이러한 제도를 활용하면 세금 부담 없이 가업승계를 위한 지분이전이 가능하다. 이러한 제도는 웬만한 중소기업이면 활용 가능하지만, 임대업을 하는 법인은 활용할 수 없다.

임대법인의 지분을 상속받으면 온전히 상속세를 내야 한다. 그럼 결국 세금을 내는 재원이 중요해진다. 세금을 낼 돈이 없어 부동산을 파는 경우도 있다. 상속이 있기 전에 미리 재원 마련을 해야 한다. 그럼 미리 준비를 하지 못한 상태에서 상속으로 임대법인의 지분을 받았다면 어떤 방법이 있을까? 부동산은 거액인 경우가 많기 때문에 임대법인 지분가치도 높다. 즉 상속세가 많이 나온다.

임대법인의 주식가치

부동산 임대법인은 일반법인과는 다르게 주식가치를 평가할 때 순자산가치가 큰 영향을 미친다. 앞서 설명했듯이 일반 비상장주식의 상속증여세법상 평가는 순자산가치와 순손익가치를 4:6으로 평균해서 구한다. 즉, 자산가치와 수익가치의 평균으로 구한다. 자산가치가 200억 원이고 수익가치가 100억 원이라면 평균해서 140억 원의 기업가치가 나온다. 하지만 부동산임대법인(부동산 비율이 총자산에서 80% 이상 가정)은 수익가치는 보지 않고 자산가치만 보고 평가한다. 주식가치가 200억 원이 되는 것이다.

부동산 임대법인이 일반법인에 비해 기업가치가 더 높게 나오는 경우가 많다. 따라서 기업가치를 낮추기 위한 방법을 고민해 봐야 한다. 만약 총자산에서 차지하는 부동산 비율이 80% 이하로 낮아지면 평가액이 낮아질 가능성이 있다.

예시 자산가치 200억 원, 수익가치 100억 원인 부동산 임대법인

⇒ 부동산비율이 80% 이상일 경우 주식가치 : 200억 원

⇒ 부동산비율이 80% 이하일 경우 주식가치 : 140억 원

⇒ 주식가치 차이 : 60억 원(30% 하락)

세금납부재원 법인자금으로 가능하다

부동산이라는 자산이 금액대가 높기 때문에 임대법인의 지분가치 또한 높다. 당연히 상속세가 많이 나온다. 미리 상속세 납부재원을 마련하지 않으면 최악의 경우 부동산 매각도 고려해야 한다. 물론 상속세는 10년간 분할 납부가 가능해 연부연납제도를 이용하면 되지만, 문제는 일시든 분할이든 개인자금으로 내야한다는 것이다. 개인이 자금이 없으면 법인자금을 활용하는 방법도 고려해 볼 만하다. 바로 상속받은 지분을 법인에 파는 방법이다. 본인 지분을 회사에 팔고 회사에서 돈을 받는 것인데, 이때 보통은 지분 매각가액과 취득가액 차이에 대해 양도소득세(또는 배당소득세)를 내지만, 상속받고 바로 매각하면 매각가액과 취득가액이 동일해져서 추가로 내게 되는 소득세는 없다.

5장

상속증여세, 부자들의 상식이 되었다

1

상속증여세, 이것만은 꼭 알자

상속증여세는 기초개념을 잘 이해해야 한다. 기초개념 없이는 다양한 절세 전략에 대한 이해가 쉽지 않다. 기초개념에 대한 이해를 바탕으로 다양한 절세 전략에 대한 아이디어가 나올 수 있다. 여기저기서 상속증여세 절세 전략에 대해 많이 들어는봤지만, 이해가 안가고 금방 잊어버리는 경우가 대부분이다. 가끔은 과연 맞는 정보인지 의문이 들기도 한다.

일단 상속증여세에 대한 개념부터 알아야 한다. 상속증여세는 부의 무상이전에 대해 부과하는 조세다. 단순하게 말하면 상속세는 사망으로 인해 부가 이전되면 내는 세금이고, 증여세는 생전에 부가 이전될 때 내는 세금이다.

상속증여세 기초

상속세와 증여세는 과세 방법이 다르다. 상속세는 받은 사람이 몇 명인지, 각자 얼마나 받았는지 상관없이 돌아가신 분 전체 재산을 기준으로 과세한다. 증여세는 상속세와는 다르게 받은 재산가액을 기준으로 과세한다.

예를 들어 30억 원의 재산을 배우자, 자녀 두 명에게 동일한 비율로 배분했다면 각자 10억 원씩 받았을 것이다. 상속세는 전체 재산 30억 원에 대해 세금을 계산하고 각자 받은 재산비율대로 납부한다. 증여세는 각자 받은 10억 원을 기준으로 세금을 계산하고 납부한다.

세율 차이

상속증여세는 세율이 동일하다. 최소 10% 최대 50% 세율로 누진세율로 되어 있다.

상속증여 과세표준	세율
1억 원 이하	10%
1억 원~5억 원	20%
5억 원~10억 원	30%
10억 원~30억 원	40%
30억 원 초과	50%

예를 들어 증여가액이 15억 원이라면, 15억 원 전체에 대해

40% 세율이 적용되는 것이 아니라 1억 원 10%, 4억 원 20%, 5억 원 30%, 그리고 나머지 5억 원은 40% 세율이 순차적으로 적용되는 것이다. 이렇게 누진세율이 적용되기 때문에 시점을 나누어서 주거나, 여러 명한테 분산해서 주면 증여가액과 세율이 낮아진다. 이를 활용하여 여러 번에 나누어 이전한다면 세금이 줄어들 수 있다. 하지만 세법에서는 10년간 나누어준 것은 합쳐서 세금을 계산하도록 하고 있어 시점 분산을 통한 절세 전략은 한계가 있다. 즉, 상속 전 10년간 증여한 재산은 상속세 계산 시 합산한다. 증여세도 마찬가지다. 받은 사람 기준으로 증여 전 10년간 나눠서 증여받은 재산은 증여세 계산 시 합산한다. 시점분산을 통한 절세 전략에 한계가 있는 것이다.

신고·납부

상속증여세는 받은 사람이 신고·납부해야 한다. 하지만 법인세나 소득세와 다르게 신고로 세액이 결정되는 것이 아니라 과세관청에서 세액을 결정한다.

증여세는 증여받은 날이 속하는 달의 말일부터 3개월 내에 신고·납부해야 한다. 분납과 연부연납(5년)이 가능하다. 신고 받은 과세관청(돌아가신 분의 주소지 관할)은 신고기한으로부터 6개월 내 세액을 결정하여 납세자에게 통지해야 한다.

상속세는 상속개시일이 속하는 달의 말일부터 6개월 이내에 신고·납부하여야 한다. 상속세도 분납과 연부연납(10년)이 가능하다. 신고받은 과세관청(받은 사람의 주소지 관할)은 신고기한으로부터 9개월 내에 세액을 결정, 통지하여야 한다.

2

사회통념상 타당하면 증여가 아니다

자산의 무상이전이 무조건 증여세 과세대상이 되는 것은 아니다. 증여세를 부과하기 위해서는 사회통념상 타당한 금액 이상이라는 단서가 붙는다.

예를 들어 부모가 자녀한테 생활비나 교육비를 지원하는 경우, 할아버지가 유학 간 손자에게 교육비를 송금하는 경우, 전업주부인 아내에게 생활비를 이체하는 경우, 결혼하는 자녀에게 혼수품을 사주는 경우 등 생활 속에 증여거래는 많다. 하지만 사회통념상 타당한 금액 이내라면 증여세를 내지 않아도 된다. 사회통념상 타당한 금액이라는 기준이 참 모호하다. 하지만 법·예규·판례 등에서 제시한 기준을 알면 도움이 될 것이다.

부모로부터 받는 생활비, 교육비

경제적 능력이 없는 자녀를 부모가 부양하고 있다면 자녀에게 준 생활비나 교육비는 증여세 과세대상이 아니다. 하지만 조심해야 할 것이 있다. 자녀가 경제적 능력이 있거나, 이체한 생활비나 교육비가 사회통념상 금액보다 과다할 경우 증여세가 과세될 위험이 있다.

예를 들어 생활비나 교육비를 받은 후 남은 돈을 모아서 주식이나 부동산에 투자하게 되면 금액 크기에 상관없이 증여로 볼 가능성이 크다. 받은 돈을 필요할 때마다 다 써야지 남는 돈을 저축해서 주식이나 부동산에 투자한다면 사회통념상 금액보다 크다고 판단하는 것이다.

할아버지가 유학 간 손자에게 생활비, 교육비를 송금하는 경우

손자가 미국으로 유학을 가서 경제적 능력이 있는 할아버지가 손자에게 생활비나 교육비를 송금하면 증여세를 낼까? 손자의 부모(할아버지 자녀)의 경제적 능력에 따라 다르다. 부모가 경제적 능력이 있는데도 불구하고 할아버지가 손자에게 교육비를 지원한다면 이는 증여로 본다. 생활비나 교육비는 주는 사람과 받는 사람 간에 부양관계에 있어야 한다. 할아버지와 경제력이 있는 부모를 둔 손자 간에는 부양관계가 성립하지 않는다고 보는 것이다.

전업주부인 아내에게 이체한 생활비

전업주부인 아내에게 이체한 생활비는 증여세 과세대상인가? 이에 대한 판단도 사회통념상 타당한 금액인지가 기준이 된다.

예를 들어 이체된 생활비를 다 쓰지 않고 모아서 아내가 부동산이나 주식투자를 했다면 필요한 생활비보다 더 이체했다고 보고 증여세 과세대상이 될 수 있는 것이다. 실무적으로 생활비를 더 이체했다고 과세하기는 쉽지 않을 것이다. 하지만 소득이 없는 배우자가 본인 혹은 공동명의로 부동산 등을 취득했다면, 자금출처 없는 배우자가 증여받은 돈으로 취득했다고 간주하는 것이다.

부모가 결혼할 자녀에게 혼수용품 지원

자녀가 결혼할 때 부모로부터 지원받는 혼수용품은 증여세 과세대상일까? 여기서도 사회통념상 타당한 금액이라는 기준이 적용된다.

예를 들어 일상생활에 필요한 가사용품을 지원받는다면 증여세 과세대상으로 보지 않지만 주택, 차동차 등을 사주면 사회통념상 타당한 금액 이상이라 보고 증여세 과세대상이 될 수 있다.

참고로 결혼식 축의금 중 신랑, 신부의 친분에 의해 받는 것이 아니라 혼주인 부모 친분으로 받는 축의금을 자녀에게 줄때는 증여로 볼 수 있다.

이혼 시 재산분할과 위자료 명목으로 이전한 재산

이혼 시 재산분할과 위자료로 배우자에게 이전한 재산은 증여세 과세대상일까? 재산분할은 혼인기간 동안 함께 일궈온 재산을 나누는 것이고 위자료는 일방의 잘못으로 인한 정신적 피해보상이다. 판결을 통한 이혼은 재산분할과 위자료 금액을 법원이 정해주지만, 협의이혼은 당사자 간에 협의를 통해 정할 수 있다. 재산분할과 위자료로 배우자에게 재산을 이전하는 것은 증여세 과세대상이 아니다. 분할대상 재산은 혼인 중에 공동 형성한 재산을 나누는 것에 불과하지 증여가 아니라는 것이다.

참고로 재산분할이 아닌 위자료 명목으로 재산을 이전하면 증여세는 과세되지 않지만 양도소득세를 부담하여야 한다. 따라서 되도록이면 위자료가 아닌 재산분할을 통해 재산을 이전하는 것이 절세 측면에서 유리하다.

3

증여세가 부담스러우면 부담부증여를 활용하자

자녀에게 부동산을 증여하는 경우 증여세가 과도하게 나온다면 부동산에 담보된 채무(혹은 보증금)를 함께 넘기는 것도 좋은 방법이다. 부담부증여란 부동산과 부동산에 담보된 채무를 함께 증여하는 것인데 일반증여에 비해 증여세를 줄일 수 있다.

분당에 사는 손 사장님은 5년 전에 산 꼬마빌딩을 아들에게 주려고 한다. "주위에서 증여로 하면 세금이 많이 나오니 부담부증여로 하라고 한다. 부담부증여가 정확히 무엇이고 왜 세금이 줄어드는지 궁금하다."

부담부증여가 무조건 유리한지는 직접 따져봐야 한다. 받는 사람이 채무를 실제로 부담하는지에 대한 입증책임과 증여하는 사람이 추가로 납부해야 하는 양도소득세를 함께 고려해야 한다.

부담부증여와 증여세

부담부증여를 잘 이해하기 위해 사례를 살펴보자. 시가 100억 원의 꼬마빌딩을 일반증여하면 증여세가 약 45억 원이다. 하지만 꼬마빌딩을 담보로 40억 원의 대출이 있다면, 꼬마빌딩을 대출과 함께 자녀에게 증여할 수 있다. 자녀는 꼬마빌딩을 받는 대신 40억 원 대출을 본인 갚아야 하는 것이다.

부담부증여의 증여세는 시가 100억 원에서 대출 40억 원을 제외한 60억 원에 대해서 계산된다. 약 25억 원이다. 일반증여보다 20억 원의 증여세가 줄어드는 것이다. 증여세만 따지면 일반증여보다는 부담부증여가 유리하다.

부담부증여할 때 추가로 내야 되는 세금

부담부증여는 일반증여에 비해 증여세가 줄어들지만, 추가적으로 내야할 세금이 있다. 바로 양도소득세다. 갚아야 할 대출을 넘기는 것이기 때문에 그 부분은 양도로 보는 것이다.

예를 들어 5년 전 70억 원에 산 시가 100억 원 빌딩을 대출 40억 원과 함께 증여한다면, 100억 원에서 40억 원을 뺀 부분은 받는 사람이 증여세를 낸다. 대출 40억 원 부분은 양도로 보기 때문에 준 사람이 양도소득세를 추가로 내게 된다. 추가로 내야하는 양도소득세는 약 12억 원이다. (양도가액: 40억 원, 취득가액: 70억 원의 40%인 28억 원 가정)

부담부증여가 세금측면에서 유리한지는 따져봐야 한다. 일반증여로 내야하는 '증여세 45억 원'과 부담부증여로 내야하는 '증여세 25억 원+양도소득세 12억 원'을 합쳐서 비교해야 한다. 위 경우는 양도소득세를 추가로 내더라도 부담부증여가 8억 원 유리하다.

예시 일반증여와 부담부증여 시 세금

- **5년 전 70억 원에 산 꼬마빌딩(시가 100억 원)을 일반증여 했을 때와 40억 원 대출을 받고 부담부증여했을 때 세금 차이**

⇒ 일반증여 시 내야할 세금: 증여세 45억 원

⇒ 부담부증여 시 내야할 세금: 증여세 25억 원 + 양도소득세 12억 원 = 37억 원

⇒ 절세금액: 8억 원

양도차익이 높을 때는 양도소득세가 많이 나오기 때문에 부담부증여가 세금 측면에서 더 불리해질 수 있다. 일반증여의 '증여세'와 부담부증여의 '증여세+양도소득세'를 비교해서 유리한 방향으로 선택해야 한다.

참고로 1세대 1주택 비과세 주택은 일반증여보다 부담부증여가 세금 측면에서 더 유리한 경우가 많다.

증여한 채무액에 대한 관리

부담부증여 시 증여한 채무는 국세청에서 사후관리한다. 채무를 받은 사람이 채무에 대한 이자 혹은 원금을 상환하고 있는지를 확인하는 것이다. 예를 들어 상환능력이 없는 미성년자 혹은 소득이 없는 자녀가 채무를 받았다면 부담부증여를 부인하고 일반증여에 대한 증여세를 과세할 수 있으니 주의해야 한다. 그리고 세금 측면에서는 부담부증여가 유리할 수 있으나, 받는 자녀 입장에서는 대출원금과 이자를 본인이 갚아야 하니 부담스러울 수 있다. 그러니 세금도 세금이지만 자녀가 갚을 수 있는 의지와 능력이 되는지도 꼭 따져봐야 한다.

4

자녀에게 부동산을 싸게 팔면 증여세를 낸다

부동산을 자녀에게 증여하면 증여세가 많이 나오기 때문에 세금이 싼 양도를 택하는 경우가 있다. 증여세 최고세율은 50%이고 양도소득세 최고세율은 45%이다. 또한 증여세는 증여가액에 세율을 적용하지만 양도소득세는 양도가액에서 취득가액을 뺀 금액에 세율을 적용하기 때문에 세금 측면만 볼 때 양도가 유리할 수 있다.

> 대구에서 사업을 하는 박 사장님은 상가가 여러 개 있다. 그 중 하나를 아들에게 증여하고 싶은데 세금 때문에 고민이다.
> "경산에 있는 상가 하나를 아들에게 증여하고 싶은데 증여세가 많이 나올 것 같다. 싸게 팔게 되면 양도소득세가 줄어들어 증여보다는 더 유리할 것 같은데 괜찮은지 궁금하다."

아들에게 상가를 싸게 팔 때는 두 가지를 고려해야 한다. 자녀에게 양도하는 것은 기본적으로 증여로 보기 때문에 양수도에 대한 입증책임이 있다. 또한 양도에 따른 양도소득세(부모 부담)는 물론 저가 양도에 따른 증여세(자녀 부담)가 부과될 수 있으니 조심해야 한다.

싸게 팔면 증여세가 나온다

자녀에게 부동산을 싸게 팔면 시가와 양도가액 차이에 대해 자녀가 이득을 봤다고 보고 자녀에게 증여세가 나온다. 예를 들어 시가 12억 원의 상가를 자녀에게 6억 원에 판다고 가정하면 12억 원과 6억 원 차이인 6억 원은 자녀가 증여받은 것으로 본다. 하지만 6억 전체에 대해 증여세가 나오는 것이 아니라 일정금액을 제하고 난 뒤 금액으로 세금을 계산한다. [일정금액 = min(3억, 시가 × 30%)]

참고로 특수관계자가 아닌 제3자에게 저가로 양도하면 증여세 계산 시 3억 원을 공제해준다.

싸게 판다고 해서 양도소득세가 줄어들지 않는다

양도소득세는 양도가액에서 취득가액을 제외한 양도차익에 대해 내는 세금이다. 일반적으로 양도가액을 낮추면 양도소득세가 줄어든다. 하지만 특수관계자 간의 거래에서 저가양도는 양도소득세가 줄어들지 않는다. 이는 부당행위계산부인이라는 규정 때문이다. 자녀에게 저가양도한 경우, 시가와 양도가액의 차이가 시가의 5% 혹은 3억 원 이상의 차이가 나면 양도가액을 저가가 아닌 시가로 해서 양도소득세를 재계산하는 것이다. 앞선 사례의 양도소득세는 6억 원(양도가액)이 아니라 12억 원(시가)으로 양도차익을 계산한다.

참고로 특수 관계가 없는 제3자와의 거래에서는 저가양도에 대한 이유가 있다면 6억 원을 양도가액으로 인정해서 양도소득세를 계산한다.

양도를 부인당하고 증여로 간주될 수 있다

자녀에게 부동산을 팔 때 가장 주의해하는 것이 양도에 대한 증빙이다. 세법에서는 기본적으로 부모자식 간의 양수도거래는 증여로 추정한다. 법률에서 추정이라는 용어는 증거에 의해 뒤집을 수 있다는 표현이다. 즉, 부모자식 간의 양수도거래는 증여로 보지만, 반대되는 증거(실제 양수도거래라는 증거)가 있다면 양수도거래로 인정하겠다는 것이다.

양수도거래에 대한 증빙으로는 자금이체내역, 받은 거래대금의 사용내역, 자녀의 양수대금의 자금출처, 사후적인 자금이동을 알 수 있는 금융거래내역 등이 있을 수 있다. 양수도거래로 위장하기 위한 일시적인 자금이동인지 여부를 조사할 수 있는 것이다.

5

상속증여는 재산평가가 가장 중요하다

상속이나 증여를 현금으로 하면 평가의 문제가 발생하지 않는다. 현금 10억 원을 상속증여할 때는 10억 원에 세율을 곱해서 상속증여세를 계산하면 된다. 하지만 현금이 아닌 빌딩, 상가, 아파트, 토지, 상장주식, 비상장주식 등은 평가를 어떻게 하느냐에 따라 상속증여세 금액이 달라지게 된다.

서울에서 사업을 하는 한 사장님은 구미에 있는 임대용 빌딩을 딸에게 주려고 한다. 지방이라 시세를 잘 알지는 못하지만 부동산에 물어보니 대략 30억 원 정도 한다고 들었다.

"지방에 있는 꼬마빌딩을 자식에게 증여하려고 하는데 세금이 얼마나 나올지 궁금하다. 주변 시세는 대충 알고 있는데 시세대로 세금을 내면 너무 많이 나올 것 같아 걱정이다."

상속증여 재산은 시가로 평가한다. 시가란 제3자 간 다수의 거래로 인해 형성된 가격인데 비주거용 부동산이나 비상장주식은 시가를 알 수 없는 경우가 대부분이다. 상속증여세를 계산할 때 재산평가는 중요한 문제이다. 시가를 알 수 없을 때 재산평가를 어떻게 하는지 알아야 절세에 대한 아이디어를 얻을 수 있다.

재산평가의 원칙

재산 종류별로 차이는 있지만 대원칙은 시가다. 상속증여세법의 시가란 상속증여일 전후 재산의 거래가액이 존재하는가, 감정평가액이 존재하는가 등을 먼저 따진다. 상속증여일 전후에 해당 재산을 사거나 팔아서 거래가액이 존재하면 그 가액을 시가로 보는 것이다. 또한 거래가액이 존재하지 않더라도 감정평가를 하면 감정가액을 시가로 본다. 하지만 현실에서는 거래가액과 감정평가 금액이 존재하지 않을 가능성이 크다. 그러면 어떻게 평가하느냐? 상속증여세법에서는 보충적 평가 방법이라고 해서 자산종류별로 평가 방법을 규정하고 있다.

토지 평가

토지를 상속증여할 경우 시가가 존재하지 않으면 공시지가로 평가한다. 토지의 공시지가는 정부나 지자체에서 매년 공시하는데 해당 토지의 주소만 알면 누구나 쉽게 조회가 가능하다. 포털에서 공시지가 조회를 검색하면 '부동산공시가격 알리미' 사이트가 나온다. 해당 사이트 내 개별공시지가를 클릭하면 지자체 홈페이지에 링크가 되어 있어 검색이 가능하다.

일반건물 평가

일반건물은 따로 공시가 되지 않는다. 따라서 세법에 정한 방법에 따라 계산을 해서 가액을 산정해야 한다. 계산 방법(건물 구조, 건물 용도, 토지개별 공시지가 등을 따져서 계산)은 규정하고 있지만 일반인이 계산하기 쉽지 않다. 하지만 국세청 홈택스 내에서 간략하게 계산해볼 수 있다.

공동주택, 오피스텔, 상업용 건물 평가

공동주택, 단독주택, 오피스텔, 상업용 부동산은 국토부장관, 지방자치단체장, 국세청장이 고시하는 금액으로 평가한다.

아파트와 같은 공동주택이나 단독주택은 국토부장관이나 지방자치단체장이 고시를 하는데, 토지와 마찬가지로 '부동산공시가격 알리미' 사이트에서 조회해 볼 수 있다. 오피스텔이나 상업용 부동산은 국세청장이 매년 고시하므로 국세청 홈페이지 내 기준시가 조회에서 조회할 수 있다. 하지만 전국에 있는 모든 오피스텔이나 상업용 부동산(특정지역의 일정규모 이상의 상업용 건물을 대상)을 고시하는 것이 아니다. 고시되지 않는 상업용 건물은 토지와 건물을 분리해서 토지는 개별공시지가, 건물은 일반건물 평가 방법과 동일하게 계산하여 둘을 더해서 평가한다.

상장주식과 비상장주식 평가

상장주식은 시가가 존재하기 때문에 쉽다. 상속증여일 전후 2개월, 총 4개월간의 종가평균으로 평가한다. 상장주식과 달리 비상장주식은 개별적으로 계산하여야 하는데, 앞서 계산 방법을 소개한 적 있으니 여기서는 생략하도록 하겠다.

임대료가 나오는 수익형 부동산이나 담보 제공해서 차입을 했으면 별도로 평가해야 한다. 위 평가 방법으로 평가한 금액과 비교해서 큰 금액으로 평가한다.

6

상속증여받은 재산을 함부로 팔면 나오는 세금폭탄

상속이나 증여 후 세금을 납부할 목적으로 상속증여재산을 팔거나, 해당 자산을 담보로 제공하고 은행에서 돈을 빌릴 수 있다. 하지만 이때 조심해야 한다. 부동산을 공시지가로 평가해서 세금을 냈는데 일정 기간 내 부동산을 팔거나 담보를 제공하고 돈을 빌리면, 새로운 시가가 발생했다고 보고 상속증여세를 재계산하여 추가 납부할 수 있다.

한 사장님은 최근에 부동산을 상속을 받았는데 공시지가로 평가해서 상속세를 30억 원을 납부했다. 공동상속을 받은 재산이고 상속세도 내야 해서 가족회의를 거쳐 팔았는데, 얼마 후에 상속세 9억 원을 더 내야 한다고 세무서에서 연락이 왔다.

한 사장님처럼 부동산을 받고 상속세 낼 돈이 없거나, 나눠 가지려는 목적으로 상속받은 재산을 파는 경우가 있다. 이때 잘못하면 상속세를 더 내게 될 수 있기 때문에 조심해야 한다.

시가는 특정 시점이 아닌 특정 기간의 시가다

상속증여재산은 시가로 평가한다. 상속증여세법에서 시가란 불특정다수 사이에 자유롭게 거래가 이루어지는 경우 통상적으로 성립된다고 인정된 가액이라고 정의하고 있다. 이러한 시가는 매매가액이 될 수도 있고, 감정평가액이 될 수도 있다. 그럼 어느 시점의 매매가액이 시가가 되는 걸까?

증여는 증여일 전 6개월에서 증여일 후 3개월 사이에 발생한 매매가액 혹은 감정평가액을 시가로 본다. 상속은 상속일 전 6개월에서 상속일 후 6개월 사이에 발생한 매매가액 혹은 감정평가액을 시가로 본다. 특정일이 아닌 일정 기간 내 발생한 매매가액이나 감정가액을 시가로 보고 상속증여세를 계산하는 것이다. 또한 상속증여일 전 2년부터 상속증여세 결정기한까지 상속증여재산의 시세변동이 크다고 판단되면 과세관청에서 직접 감정평가할 수 있다는 것도 알아야 한다.

상속증여 후 매매를 조심하자

부동산을 상속, 증여받고 세금을 계산할 때 시가가 없는 경우 공시지가 등으로 평가해서 세금을 낸다. 보통은 시세보다 공시지가 등이 더 낮기 때문에 납세자 입장에서는 공시지가 등으로 평가해서 세금을 내는 것이 더 유리하다. 하지만 상속, 증여 후 조심해야 할 것이 있다. 공시지가로 평가해서 세금을 냈는데 바로 팔아야 하는 경우가 생길 때가 있는 경우다. 증여는 드물지만, 상속은 공동상속을 받고 상속인들 사이에 분쟁이 생기거나 상속세 내기 위해서 부동산을 파는 경우가 종종 있다.

예를 들어 시세가 30억 원이고 공시지가가 20억 원인 부동산을 상속받았다고 가정하면 공시지가로 계산한 상속세가 6.4억 원(세율만 단순적용)정도 나온다. 하지만 상속받은 후 6개월 내에 해당 부동산을 30억 원에 팔았다면 상속세를 재계산해야 한다. 시가를 알 수 없다고 가정하고 공시지가로 평가해서 세금을 냈는데, 상속 후 6개월 내에 매매를 하면 시가가 생기는 것이다. 이럴 경우 상속세는 6.4억 원 아닌 10억 원을 내야한다. 추가로 내야 하는 세금이 3.6억 원 늘어나는 것이다.

증여는 증여 후 3개월 내에 팔면 매매가가 시가가 되어 증여세를 추가로 더 내야 한다.

상속증여 후 담보제공도 조심하자

상속증여 후 세금을 내기 위해 상속, 증여받은 재산을 담보로 돈을 빌리는 경우가 있다. 이때도 조심해야 한다. 금융권에서는 담보제공된 자산을 감정평가한 후 담보가액 내에서 대출을 해주는데, 이때 채무액이 해당자산의 공시지가보다 큰 경우가 발생할 수 있다. 이럴 경우 담보채권액이 해당자산의 평가액이 되어 세금을 재계산한다.

예를 들어 시세가 30억 원이고 공시지가가 20억 원인 부동산을 증여했다고 가정하면 시세를 알 수 없다고 가정하고, 공시지가 20억 원으로 계산한 증여세를 낸다. 하지만 증여세를 내기 위해 해당 부동산을 담보로 제공하고 25억 원을 대출받았다고 가정하면 해당 부동산은 25억 원으로 평가하여 증여세를 내야한다.

이처럼 상속증여세 계산에서 상속증여재산의 평가는 중요하면서도 어렵다. 매매 등으로 시가가 변동될 수 있으니, 상속증여 후 상속증여세 결정기한까지는 조심해야 한다.

7

10년에 한 번 증여하면 증여세가 없다

증여세를 절세하기 위해서는 증여재산공제를 잘 알고 있어야 한다. 가족이나 친족 간 증여할 때 증여재산에서 일정액을 공제해 주는 제도이다. 증여재산공제액만큼 증여하면 증여세 없이 증여가 가능하다.

조만간 아들이 결혼하는 김 사장님은 증여에 대한 이야기에 관심을 가지게 되었다.
"자녀가 이번에 결혼을 하는데 좀 도와주고 싶다. 주위에서 일정금액까지는 증여세가 없다고 하는데 얼마까지 가능한지 궁금하다."

요즘은 증여재산공제를 활용해 자녀에게 미리 증여하는 경우도 많다. 자녀가 태어날 때, 10세가 되었을 때, 20세가 되었을 때,

30세가 되었을 때 증여를 해서 자녀가 성인이 된 후 결혼자금, 사업자금으로 쓸 수 있는 자금을 미리 주는 것이다. 그리고 한 명한테 주는 것보다 여러 명한테 주는 것이 증여재산공제액이 더 크기 때문에 절세 효과가 더 크다. 이러한 증여재산공제는 보통 10년에 한 번 쓸 수 있고 증여받는 수증자 기준으로 공제한도를 판단한다.

자녀에게 증여할 때 공제액

아버지가 성년인 아들이나 딸에게 증여할 때는 10년에 한 번 5,000만 원까지 공제가 가능하다. 예를 들어 아들에게 1억 원을 증여할 때 970만 원의 증여세가 나온다. 하지만 5,000만 원 증여공제를 쓰면 480만 원 나온다. 490만 원이 줄어드는 것이다.

미성년자인 자녀는 2,000만 원까지 증여공제가 가능하다. 서두에 말했듯이 자녀가 태어나자마자 10년에 한 번씩 증여하면 성년이 될 때까지 대략 4,000만 원까지 증여세 없이 증여가 가능하고 성년이 되면 추가로 5,000만 원까지 증여가 가능하다. 또한 아들과 딸에게 각각 증여한다고 하면 아들도 5,000만 원, 딸도 5,000만 원까지 각각 공제가 가능하다. 공제액은 증여자가 아닌 수증자 기준으로 하기 때문이다.

사위나 며느리에게 증여할 때 공제액

결혼한 자녀에게 증여를 할 때, 추가로 사위나 며느리에게 증여를 하면 증여세가 줄어든다. 증여액이 분산되어 낮은 세율을 적용받는 효과도 있지만 자녀들의 공제액을 다 썼다면, 사위나 며느리에게 증여한 부분은 추가로 1,000만 원까지 공제가 가능하기 때문이다. 사위나 며느리는 기타친족으로서 10년에 1,000만 원까지 공제가 가능하다.

예를 들어 3억 원을 아들에게만 증여한다면 5,000만 원 공제 후 3,880만 원의 증여세를 내야하지만, 아들에게 1억 9,000만 원, 며느리에게 1억 1,000만 원을 증여하면 둘이 합쳐 총 2,716만 원의 증여세를 납부하게 된다. 아들에게만 증여할 때보다 며느리와 함께 증여하면 약 1,164만 원 절세되는 것이다.

배우자에게 증여할 때 공제액

남편이나 아내에게 증여할 때, 즉 부부 간 증여의 경우 증여공제액이 제일 크다. 10년에 한 번 6억 원까지 증여세 없이 증여가 가능하다. 부부 간에는 생활공동체이므로 일반적으로는 증여 문제가 발생하기 어렵다. 하지만 소득이 없는 배우자가 자산을 취득한다면 문제가 다르다.

예를 들어 직장에 다니는 남편과 가정주부인 아내가 공동으로 14억 원의 아파트를 구입했다고 가정하자. 소득이 없는 아내가 별도의 자금출처증빙이 없으면 7억 원을 남편에게 증여받아 아파트를 샀다고 간주한다. 따라서 7억 원에 대해 세금을 내야 한다. 하지만 부부 간 증여는 6억 원을 공제해 주기 때문에 7억 원에서 6억 원을 공제한 1억 원에 대해서만 증여세를 내면 되는 것이다.

할아버지와 아버지가 함께 증여할 때 공제액

할아버지와 아버지가 함께 자녀에게 증여한다면 공제액은 얼마일까? 할아버지 5,000만 원, 아버지 5,000만 원을 각각 공제하는 것이 아니라 합쳐서 공제액을 계산한다. 즉 5,000만 원만 공제하는 것이다.

8

증여가 좋을까?
상속이 좋을까?

절세를 목적으로 많이들 하는 질문이다. 하지만 이건 정답이 없다. 왜냐하면 증여 시점은 정할 수 있지만, 상속 시점은 정할 수 없기 때문이다.

부산에 사는 김 사장님은 요즘 건강이 안 좋아져 재산을 딸들에게 미리 물려줄까 생각하고 있다.
"해운대구에 있는 시세 70억 원의 꼬마빌딩이 최근 3년간 가격이 많이 올랐다. 상속 때까지 가면 시세가 더 오를 것 같긴 한데 그만큼 세금이 더 나오지 않을까 걱정이다. 더 오르기 전에 증여를 해야 하나 고민이다."

상속 시점을 알 수 있다면 세금을 계산해서 비교해보며 그만이다. 하지만 상속 시점을 알 수 없기 때문에 재산평가액이 얼마인지도 모른다. 그리고 다양한 변수가 발생할 수 있기 때문이다. 보통 증여 후 10년 내 사망한다면 상속이 유리하고, 10년 후 사망한다면 증여가 유리할 가능성이 높다. 그 이유를 알아보자.

증여냐 상속이냐의 선택 기준

증여냐 상속이냐를 선택할 때 중요한 기준은 두 가지다.

첫째, 가장 중요한 요소는 재산의 가치다. 현금이야 가격변동이 없지만, 부동산은 다르다. 가치가 변하기 때문이다. 증여 시점은 정할 수 있어 그때의 평가액을 대략 알거나 추정할 수 있어 세금 계산이 가능하다. 70억 원의 꼬마빌딩을 올해 증여한다면 증여가액이 70억 원이 될 것이고 내년에 증여한다면 70억 원보다 조금 오른 수준일 것이다. 증여세 계산이 어렵지 않다. 하지만 상속 시점은 언제가 될지 알 수 없기 때문에 상속 시점의 빌딩 가격이 70억 원으로 그대로 있을지 100억 원이 될지 200억 원이 될지 알 수 없다. 따라서 재산 가격이 오른다고 가정하면 상속보다는 증여가 유리하다.

둘째, 공제되는 금액을 알아야 한다. 증여는 받는 사람이 자녀라면 5,000만 원까지만 공제가 가능하다. 하지만 상속은 기본공제가 5억 원이고 배우자가 있으면 기본 10억 원까지 공제가 가능하다.

부모가 자녀에게 부동산을 이전한다고 가정하자. 위 두 가지 기준을 본다면, 재산가치가 낮을 때 5,000만 원만 공제받고 증여세를 낼 것인가, 아니면 재산가치가 높을 때 10억 원을 공제받고 상속세를 낼 것인가를 결정하면 된다. 그러면 재산가치가 얼마나 증가할 것인가가 중요해진다.

10년 기준으로 판단하면 된다

상속세를 계산할 때 상속재산은 10년간 증여한 재산도 합친다. 재산이 170억 원인 박 사장님을 가정해 보자. 시가 70억 원 상당의 꼬마빌딩은 미리 증여하고, 나머지 재산 100억 원은 상속으로 이전한다고 계획했다. 아쉽게도 꼬마빌딩을 증여한 지 10년 내 사망해서 상속이 이루어졌다면 상속세 계산 시 꼬마빌딩 70억 원이 포함된다. 그러면 증여가 큰 의미가 없어진다. 오히려 상속공제 계산할 때 미리 증여한 재산으로 인해 공제한도에 걸려서 공제금액이 줄어들 위험이 있다. 만약 증여한 지 10년 후 상속이 이루어졌다면, 꼬마빌딩 70억 원은 제외하고 상속세를 계산한다. 꼬마빌딩은 더 이상 세금이 없는 것이다. 그러니 재산가치가 증가한다고 가정하면 증여 후 10년이 지나서 상속이 이루어지면 증여가 유리할 수 있다.

이 말은 곧, 상속이 먼 미래의 일로 여겨진다면 증여가 유리하고 임박했다고 생각된다면 상속이 유리하다는 말이다. 장수해야 절세가 가능하다는 말이 되기도 한다.

9

상속받지도 않았는데 상속세가 나올 수 있다

상속이 이루어져서 상속받은 재산에 대해 세금을 냈는데 나중에 세무서에서 상속받지도 않는 재산에 대해서 상속세를 더 부과하는 경우가 있다. 왜 그럴까?

일산에 사는 정 사장님은 아버지가 돌아가셔서 상속세를 신고했다. 나중에 세무서에서 5억 원의 상속세를 추가로 내야 한다고 연락이 왔는데, 본인이 받지 않는 10억 원에 대해 상속세를 추가로 내야 한다는 것이다. 이유를 알아보니 돌아가시기 2년 전에 통장에서 인출된 자금이 있는데, 이 돈이 어디로 갔는지 알 수 없어 정 사장님이 받은 것으로 보고 세금을 내야 한다는 것이다.

상속개시 전 2년의 자금흐름을 조심해야 한다. 상속받은 재산이 없는데 상속세가 나올 수 있기 때문이다. 부모가 돌아가시기 2년 전에 부동산을 팔았거나, 거액을 통장에서 인출했는데 그 돈이 어디로 갔는지 알 수 없는 경우가 있다. 이 돈이 어디로 갔는지 입증하지 못하면 상속재산에 합산해서 상속세를 내는 것이다.

돌아가시기 전 10년간 증여한 재산은 상속재산에 합산한다

상속세를 계산할 때 상속시점에 받은 재산뿐만 아니라, 상속 이전에 증여받은 재산도 합산해서 세금을 계산한다. 물론 증여받았을 때 낸 세금은 기납부세액으로 빼준다. 상속세 계산 시 10년간 증여재산을 합산하는 이유는 증여와 마찬가지로 시점을 분할하여 주게 되면 낮은 세율을 적용받아 세금을 적게 내는 것을 방지하기 위해서다.

예를 들어 부모가 가진 재산이 50억 원이라면 50억 원을 전부 상속하는 것보다, 생전에 분할해 일부 증여하고 일부는 상속하면 세금을 낮출 수 있다. 하지만 이렇게 증여하더라도 10년 내 증여했다면 상속세 계산할 때는 증여한 재산을 합쳐 50억 원에 대한 상속세를 내야 한다.

상속이 임박했다면 10년간 계좌이체내역을 살펴보고 그 내용을 파악할 필요가 있다. 또한 평소에도 가족 간 이체, 특히 부모자식 간의 이체 시 메모와 증빙을 갖춰야 한다. 그렇지 않으면 이체한 금액을 생전 증여재산을 보고 상속재산에 합쳐져 상속세를 내야 하는 경우가 발생한다.

추정상속재산을 조심하자! 받지도 않았는데 세금이 나온다

추정상속재산이란 말 그대로 상속재산으로 추정한다는 것이다. 상속을 받지 않았지만 돌아가신 분이 생전에 재산을 처분하였거나, 현금을 인출했다거나, 대출을 받은 돈의 사용처를 알 수 없는 경우 상속인들(배우자, 자녀 등)이 상속받았다고 보는 것이다. 상속인들 입장에서는 억울할 수도 있지만 상속 전에 자금을 빼돌려 세금신고를 누락하는 것을 방지하고자 만든 법이다.

재산 종류별(현금예금, 부동산, 기타재산)로 재산처분금액 혹은 인출금액이 1년에 2억 원 혹은 2년에 5억 원 이상이면 상속인들은 그 사용처를 규명해한다. 만약 입증을 하지 못하면 입증하지 못한 금액에서 일정액을 제외한 금액에 대해 상속세를 내야한다.

예를 들어 상속개시일 1년 전에 돌아가신 분 명의 부동산을 10억 원에 처분했다고 가정하자. 하지만 그 용도를 확인할 수 있는 금액이 2억 원이고, 8억 원은 입증을 하지 못했다고 하면 미입증금액 8억 원에 대해 상속세를 추가로 내야 한다(정확히 계산하면 8억 원 전부가 아니라 일정금액을 빼준다).

10

상속세는 한 명이 다 내도 된다

상속세는 연대납세의무라는 규정이 있다. 연대납세의무란 본인의 상속세뿐만 아니라, 다른 사람의 상속세까지 책임져야 한다는 규정이다. 연대납세의무 규정을 활용하면 상속재산을 어떻게 배분하느냐에 따라 자녀들의 부가 달라진다.

창원에 사는 김 사장님은 최근 상속재산 배분 때문에 고민이다.

"지병이 악화되어 상속을 준비해야겠다는 생각을 하게 됐다. 현금과 부동산임대법인 지분이 있는데 부동산임대법인의 지분가치가 크다. 재산을 어떻게 나눠주면 절세가 되는지 고민이다."

김 사장님의 경우에는 배우자에게 현금을 상속하고, 부동산임대법인 지분을 자녀들에게 상속한다면 걱정을 줄일 수 있다. 배우자가 상속받은 현금으로 상속세를 전부 내면 되기 때문이다.

상속세는 모두의 책임이다

상속세는 상속받은 사람들이 공동으로 책임을 져야 한다. 원칙적으로 상속세는 본인 받은 재산비율만큼 내야 한다. 하지만 상속인들 간에는 상속세 연대납세의무가 있다. 국세청은 상속인들 중 누구에게나 상속세를 징수할 수 있다. 바꿔 말하면 상속인들 중 누구 하나가 상속세를 내면 되는 것이다. 다른 사람의 상속세를 내준다고 해서 증여로 보지 않는다.

하지만 여기서 조심해야 할 것이 있다. 대신 내준다고 해서 본인이 상속받은 재산한도에서 내야지, 한도를 넘겨 본인이 가지고 있던 현금으로 내면 그건 증여로 본다.

재산을 어떻게 배분하느냐가 중요하다

그럼 상속재산의 분배가 중요해진다. 배우자에게 현금을 주고 자녀들은 상승여력이 큰 부동산을 상속하는 것이 좋은 방법이다. 상속받은 현금으로 배우자가 상속세를 내면 재원마련을 하지 못한 자녀들은 상속세를 내지 않아도 된다.

상속재산을 법정지분율대로 배분한 후 상속받은 배우자가 몇 년 후 사망했다고 가정하자. 상속세를 상속인들이 받은 상속재산비율대로 냈을 때와 배우자가 전액 납부하는 경우를 비교해보면, 나중에 자녀들의 부에 큰 영향을 끼치게 된다.